DuMont Schnellkurs

OPER

Johannes Jansen arbeitet seit seinem Studium der Musikwissenschaft als Journalist für den Rundfunk und verschiedene Verlage. Er ist Redakteur und Mitherausgeber der Kölner Musikzeitschrift CONCERTO.

DuMont Schnellkurs

OPER

Johannes Jansen

DUMONT

Impressum

Umschlagvorderseite von links nach rechts und von oben nach unten:
Theater an der Wien, Nachfolgebau des Freihaustheaters auf der Wieden, Theaterwissenschaftliche Sammlung der Universität zu Köln, Schloß Wahn / Der Bassist Tito Gobbi als Held der Verdi-Oper »Simone Boccanegra«, Schloß Wahn / Maria Callas, Fotografie, EMI Classics / Die Sopranistin Anna Pauline Milder in Christoph Willibald Glucks »Orpheus«, 19. Jahrhundert, Schloß Wahn / Programmzettel der Mailänder Scala zur Aufführung von »Armide« von Christoph Willibald Gluck, CONCERTO, Köln / Studie des Dirigenten Ferenc Fricsay in den 50er Jahren in West-Berlin, Schloß Wahn / Carmen-Figurine von Josef Fenneker, Berlin 1949, Schloß Wahn / »L'incoronazione di Poppea« in der Inszenierung von Jürgen Flimm, Salzburger Festspiele 1993, Fotografie von Photowerkstatt Esser/Baus / Szene aus Caldaras Oper »I Disingannati«, Innsbrucker Festwochen 1993, Fotografie von Rupert Larl / »Jonny spielt auf« von Ernst Křenek, Bühnenbildentwurf von Johannes Schröder, Duisburg 1928, Schloß Wahn / Claudio Monteverdi, AKG Berlin / Frieda Hempel und Enrico Caruso (rechts) in Gaetano Donizettis »Liebestrank«, Berlin 1910, Schloß Wahn

Umschlagrückseite von oben nach unten:
Basilio-Figurine von Hans Strohbach für ein Mozart-Projekt (»Figaros Hochzeit«, 1932), Schloß Wahn / Bühnenbild von Simon Quaglio für Mozarts »Zauberflöte«, München 1818, Schloß Wahn / Gestalten der Commedia dell'arte als Meißner Porzellanfiguren, Schloß Wahn

Frontispiz: Der Bariton Francisco d'Andrade als Don Giovanni mit seinem Diener Leporello (Friedhofsszene), Radierung von Max Slevogt, 1920, Schloß Wahn, © VG Bild-Kunst, Bonn 1998

Die Deutsche Bibliothek - CIP-Einheitsaufnahme

Jansen, Johannes:
Oper / Johannes Jansen. – Orig.-Ausg. – Köln : DuMont, 1998
(DuMont-Taschenbücher ; 513 : DuMont-Schnellkurs)
ISBN 3-7701-4280-2

Originalausgabe

Redaktion: Agents – Producers – Editors, Overath
Satz: Nicole Hardegen, Köln
Druck und buchbinderische Verarbeitung: Editoriale Libraria

Printed in Italy ISBN 3-7701-4280-2

Inhalt

Oper und Politik

Aufbruch in die Moderne

Anhang

Vorwort

Ein »Schnellkurs Oper« ist kein Opernführer, noch weniger ist er ein Ersatz für die unmittelbare Begegnung mit der Oper auf der Bühne. Aber er kann beides ergänzen und vertiefen, zumal dieses Buch bei seinem kursorischen Gang durch die Geschichte den Blick nicht nur auf die Grundzüge der Gattung und die wichtigsten Repertoirewerke richtet, sondern auch auf markante Einzelphänomene und Aspekte wie Dekoration, Kostüm und Bühnentechnik. Neben Exkursen, die Komponisten wie Monteverdi oder Wagner gewidmet sind, gehören einige Extra-Seiten auch der Ära der Schallplatte und den großen Opernhäusern unserer Zeit; Zeittafeln erleichtern die Einordnung in den historischen Kontext, Register und Glossar den schnellen Zugriff auf Namen und Fakten.

Doch der Versuch einer knappen, allgemeinverständlichen Darstellung wäre wohl zum Scheitern verurteilt, könnte dieses Buch nicht auf zahlreiche Abbildungen zurückgreifen, die zur Verlebendigung von Themen, Gestalten und Schauplätzen aus vier Jahrhunderten Oper beitragen. Ein Großteil, darunter auch bisher unveröffentlichte szenographische Entwürfe und Figurinen, entstammt der Theaterwissenschaftlichen Sammlung Schloß Wahn. Den Betreuern der Sammlung wie auch den anderen Bildgebern, die bei der Recherche behilflich waren, sei an dieser Stelle aufs herzlichste gedankt.

Freilich, ein einziger Besuch in der Oper bringt uns ihrem Geheimnis näher als jede noch so farbige Darstellung in Buchform, und auch Schallplatten bieten ja, bei aller Faszination, die speziell von älteren Tondokumenten ausgehen kann, nur einen schwachen Abglanz vom Erlebnis leibhaftiger Stimmen in ›echter‹ Bühnenatmosphäre. Darum möchte dieser Schnellkurs vor allem eines sein: kurze Anleitung zum unendlichen Vergnügen an einer Kunst, die unsere Sinne mehr als andere Künste beansprucht und beglückt – vorausgesetzt, sie findet den ihr angemessenen Raum in einer zunehmend von kurzsichtiger Sparpolitik geprägten Kulturlandschaft.

Johannes Jansen

Stationen der Musikgeschichte bis 1600

2. Jahrhundert n. Chr.
Mesomedes-Hymnen
350–400
Hymnen des hl. Ambrosius
ab 600
Gregorianischer Choral (nach Papst Gregor I.)
ab 900
Frühe Mehrstimmigkeit
um 1180
Gesänge der Hildegard von Bingen
um 1200
Osterspiel von Maastricht
um 1250
»Ludus Danielis« (geistliches Spiel nach dem Buch Daniel)
um 1280
»Le Jeu de Robin et de Marion« von Adam de la Halle (weltliches Singspiel)
1316
»Roman de Fauvel« von Gervais du Bus mit zahlreichen Musikeinlagen
1475
»Bordesholmer Marienklage« (Karfreitagsspiel)
1501
Einführung des Notendrucks mit beweglichen Typen (Ottaviano Petrucci)
1581
»Balet comique de la Royne« von Baltasar de Beaujoyeulx

Ein folgenreiches Mißverständnis – Die Geburt der Oper aus dem Geist der Renaissance

Hauptschauplatz der Epoche, die wir als Renaissance bezeichnen, sind die Städte Norditaliens. Vor allem in Florenz, der neben Venedig bedeutendsten Handelsmacht im ausgehenden 15. Jahrhundert, erleben Kunst und Wissenschaft eine nie dagewesene Blüte, in der sich die Abkehr von Denkweisen und Darstellungsformen des Mittelalters offenbart. In der geistigen Auseinandersetzung mit der Antike und getragen von einer optimistischen Grundstimmung, die alle Bereiche der Kultur erfaßt, erschließt sich Künstlern und Gelehrten eine neue Sicht der Welt: Das Maß aller Dinge ist der Mensch. Von der Würde des Menschen (»De hominis dignitate«) handelt denn auch eines der Hauptwerke des Florentiner Philosophen Giovanni Pico della Mirandola. Indessen finden auch im Florenz der Renaissance noch Hexenprozesse statt.

Es ist die Zeit der Entdeckungen: 1498 erkundet Vasco da Gama den Seeweg nach Indien, Columbus und Vespucci entdecken Amerika, 1522 liefert Magalhães' Weltumsegelung den unwiderleglichen Beweis für die Kugelgestalt der Erde. Die auf die Kirche gestützte Ordnung der Alten Welt gerät ins Wanken, in der Mitte Europas dämmert die Reformation herauf, die politische Landkarte verändert sich immer schneller. Höhepunkt

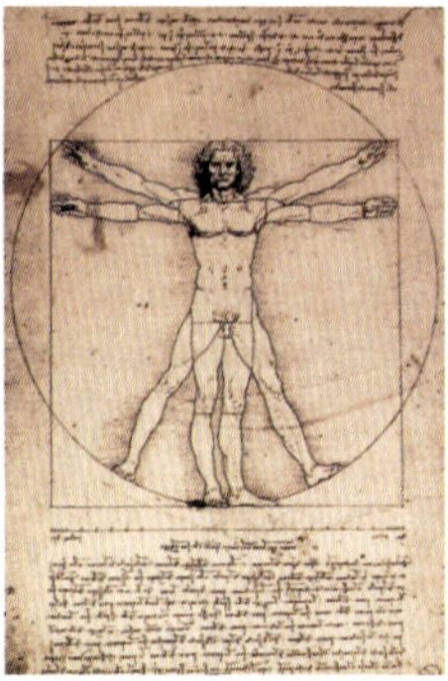

Mensch und Maß: Eine anatomische Studie von Leonardo da Vinci

kriegerischer Auseinandersetzungen, die nicht nur Italien erschüttern – in Deutschland entbrennt der Bauernkrieg, die Türken erobern Belgrad – ist die Plünderung Roms durch kaiserliche Söldnertruppen im Jahr 1527. In diesem *sacco di Roma*, der die Vorherrschaft des Hauses Habsburg in Italien begründet, erblicken manche bereits das Ende der Renaissance. Doch als geistige Strömung, hervorgegangen aus dem italienischen Humanismus, wirkt sie fort in allen Bereichen der Kunst und Literatur. So auch gegen Ende des 16. Jahrhunderts, als eine neue musikalische Gattung am Horizont erscheint: die Oper. Florentiner Künstler und Gelehrte in der Nachfolge eines Leonardo da Vinci oder Giorgio Vasari stehen am Ausgangspunkt der Entwicklung, zuvörderst Musiker wie Jacopo Peri, Giulio Caccini, Emilio de' Cavalieri und der auch als Musiktheoretiker bedeutende Vincenzo Galilei, Vater des berühmten Mathematikers und Astronomen. Aber den entscheidenden Anstoß gibt Girolamo Mei, ein Philologe. Seine Wiederentdeckung dreier Hymnen des spätantiken Kitharöden Mesomedes führt dazu, daß man die Musik und Deklamationskunst der Antike genauer zu erforschen beginnt.

Die Mitglieder der Camerata eint die Überzeugung, daß allein der instrumental begleitete Sologesang, die sogenannte Monodie, nicht aber die Polyphonie dem in den Quellen zur griechischen Tragödie beschriebenen Vortragsideal entspricht. Ihre Theorie steht freilich auf schwachen Füßen, denn die komplexen Anschauungen der Antike über die metrisch gebundene Deklamation von Text und Musik als untrennbarer Einheit sind in neuzeitliche Begriffe von

Das Manifest der Monodie: Vincenzo Galileis in Dialogform geschriebene Abhandlung über die Vorzüge der modernen Musik, veröffentlicht 1581. In der als überholt angesehenen Polyphonie folgt die Textvertonung allein den Regeln des Kontrapunkts (*punctus contra punctum* = Note gegen Note), aber nicht unbedingt dem natürlichen Sprachfluß, so daß sich die Gesangslinien oft bis zur Unkenntlichkeit des Textes überlagern und verschränken. In der Monodie und auch in den Chören des neuen Stils (*stile nuovo*) hingegen ist Textverständlichkeit oberstes Gebot.

Ein frühbarockes Ensemble, bestehend aus Cembalo, Zink, Harfe, Laute und Baßgambe (Ausschnitt aus einem Stich von Antonio Tempesta, 1622)

Melodie und Metrum nur unvollkommen zu übersetzen, zumal auch die bruchstückhafte Überlieferung der griechischen Notenschrift keinen genauen Aufschluß gibt. Der Versuch einer Rekonstruktion des antiken Vorbilds, wie man ihn im Florenz der Spätrenaissance unternimmt, ist also äußerst spekulativ, doch er hat weitreichende Folgen.

Die Florentiner Camerata

Neben den schon genannten Komponisten gehören auch der Dichter Ottavio Rinuccini und Graf Giovanni de' Bardi der Camerata Fiorentina an. Bardi ist Kunstmäzen, Schriftsteller, Komponist und einer der theoretischen Köpfe dieses Gelehrtenzirkels, der in seinem Haus regelmäßig zusammentritt. In bewußter Abgrenzung von der altmeisterlichen Vokalpolyphonie, die um die Mitte des 16. Jahrhunderts ein Höchstmaß an satztechnischer Raffinesse erreicht hat, favorisiert die Camerata das vergleichsweise schlichte Kompositionsmodell der Monodie (nach dem griechischen Wort für Einzelgesang) und den dafür typischen Vortragsstil des *recitar cantando*: eine am Sprachduktus orientierte, den Affektgehalt des Textes betonende Melodiegestaltung über einer einfachen Begleitung mit Generalbaßinstrumenten wie Cembalo, Orgel, Laute oder Chitarrone.

Das Musikleben reicher Städte wie Florenz ist geprägt vom Repräsentationsbedürfnis der Patrizierfamilien und Adelshäuser, die sich mit ihren Festlichkeiten gegenseitig übertrumpfen. Aber nicht nur bei pompösen Umzügen (*trionfi*), Maskeraden und Theateraufführungen, auch im kirchlichen Raum spielen szenisch-musikalische Darbietungen eine wichtige Rolle, wie z. B. die aufwendigen *rappresentazioni sacre* oder die seit dem Mittelalter an den Klosterschulen praktizierten lateinischen Schuldramen. – Es sind mehrere Entwicklungsströme, die in der frühen Oper zusammenfließen. Doch der stärkste Impuls geht von höfischen Festen aus, und eine rein höfische Veranstaltung wird die Oper bleiben, bis im zweiten Drittel des 17. Jahrhunderts in Venedig die ersten öffentlichen Opernhäuser entstehen.

Ein besonders glanzvolles Ereignis im prachtliebenden Florenz des ausgehenden 16. Jahrhunderts ist die Vermählung Ferdinando de'

Die Kirche S. Maria in Vallicella (mit 1637 neu erbautem Oratorio): Hier wird im Jahr 1600 »La rappresentazione di anima e di corpo« von Ottavio Rinuccini (Text) und Emilio de' Cavalieri (Musik) uraufgeführt. Obwohl es in der Tradition geistlicher Spiele steht und vielleicht eher an das spätere Oratorium denken läßt, gehört es durch seine Gesangspartien im *stile recitativo*, seine Chorszenen und Tanzeinlagen unmittelbar an die Seite der frühen Opern.

In Vicenza wird 1584 das von Andrea Palladio erbaute Teatro Olimpico eingeweiht. Es ist der erste geschlossene Theaterbau, der das Konzept des antiken Theaters realisiert. Zur Eröffnung gibt man das aus dem Griechischen übersetzte Schauspiel »Edipo Tiranno« von Sophokles. Andrea Gabrieli, Organist am Markusdom in Venedig, steuert vier große Chöre zur Festaufführung bei. Es sind Chorsätze in kontrapunktischer Schreibweise, doch die expressive Textbehandlung nimmt bereits den modernen Stil vorweg.

Medicis mit Christine von Lothringen. Im Rahmen der mehrtägigen Festlichkeiten wird »La Pellegrina« aufgeführt, eine Komödie von Girolamo Bargagli. Dem Brauch der Zeit entsprechend, stehen zwischen den einzelnen Akten sogenannte Intermedien. Ursprünglich nur dazu gedacht, die Umbaupausen zu überbrücken, laufen diese unterhaltsamen Einlagen den eigentlichen Theateraufführungen in der Gunst des Publikums schon bald den Rang ab.

Die sechs für die Fürstenhochzeit im Jahr 1589 geschaffenen Intermedien sind, einer speziellen Florentiner Tradition folgend, überaus prächtig ausgestattet; Schöpfer der Bühnenbilder, Kostüme und Dekorationen ist der Architekt Bernardo Buontalenti. Die Szenarien und

Kostümentwürfe von Bernardo Buontalenti für die Florentiner Intermedien anläßlich der Fürstenhochzeit des Jahres 1589

Als unverzichtbarer Bestandteil der höfischen Kultur gehören Tänze zur Oper von Anfang an dazu. Die Abbildung links zeigt die Eröffnung des 1581 anläßlich einer Hochzeit vor König Heinrich III. im Louvre gespielten »Balet comique de la Royne« des italienischen Choreographen und Violinisten Baltasar de Beaujoyeulx. Es ist der Protoyp des Hofballetts (*ballet de cour*), das mit Poesie, Musik, Tanz und Dekoration alle Elemente der späteren Oper in sich vereint. Das Ballett ist im Druck überliefert und wurde 1997 erstmals wieder aufgeführt (rechts: Abbildung vom Festival d'Ambronay).

Gestalten entstammen dem mythologischen Repertoire der Antike, das die Hofbühnen bis in die Zeit des Spätbarocks beherrscht. Obligatorisch ist die Fürstenhuldigung zu Beginn der Vorstellung. In diesem Fall sind es die allegorische Figur der Harmonie und in ihrem Gefolge Parzen, Heroen und Planeten, die das Hochzeitspaar lobpreisen.

Der bühnentechnische Aufwand ist enorm: Städte, Himmelswelten und Landschaften entstehen und verschwinden, beleuchtete Flugapparate schweben durch den Raum; im fünften Intermedium, das die Meeresgöttin Amphitrite auf einem Muschelwagen mit einem Gespann von Delphinen zeigt, werden richtiggehend Wasserspiele inszeniert. Das Versprühen duftender Essenzen macht den Sinnenrausch komplett.

An der musikalischen Gestaltung der Intermedien wirken sieben Komponisten und Dutzende von Sängern und Instrumentalisten mit, darunter Jacopo Peri, Giulio Caccini und Emilio de' Cavalieri, der die Musik zum prunkvollen Schlußballett beisteuert.

Mirtillo (zweiter von links), der treue Hirte (»Il pastor fido«, Illustration aus Venedig, 1602). Die unter dem Einfluß der Hirtenpoesie des antiken Dichters Theokrit entstandenen zehn »Bucolica« des römischen Klassikers Vergil finden im 15. und 16. Jahrhundert zahlreiche Nachahmer und werden zum Ausgangspunkt dramatischer Formen wie der Tragikomödie und des Schäferspiels (*favola pastorale*), die häufig mit musikalischen Einlagen aufwarten. Verse aus Guarinis »Il pastor fido«, dem neben Tassos »Aminta« berühmtesten Pastoraldrama seiner Zeit, wurden hundertfach vertont.

Schäferspiele, Ballette, Maskeraden

Arkadien, eine Gebirgslandschaft auf dem Peloponnes, ist bei Vergil jener liebliche Ort (*locus amoenus*), den auch die Dichter späterer Epochen immer wieder als einen Hort der Liebe, der Freundschaft und des Friedens sowie als Heimat des Hirtengottes Pan besingen. An den Höfen des 16. und 17. Jahrhunderts ist Arkadien allgegenwärtig: Hirten, Liebespaare, Nymphen und Satyrn bilden das Personal unzähliger Schäferspiele und Ballette, und der Adel gefällt sich darin, ländliche Feste in Hirtenkostümen abzuhalten. Schäferspiele von Torquato Tasso (»Aminta« 1573) und Giovanni Battista Guarini (»Il pastor fido« 1590) begründen die neue Gattung der Tragikomödie,

Schäferromane erscheinen in ganz Europa, der berühmteste ist »L'Astrée« (erschienen 1607–1627), ein rund 5000 Seiten umfassendes Werk von Honoré d'Urfé, das vom Adel wie ein Handbuch wahrhaft aristokratischer Umgangsformen gelesen wird.

Unter dem Einfluß der Pléiade-Dichter führen in Frankreich Bestrebungen ähnlich denen der Florentiner Camerata zur Ausprägung einer *musique mesurée à l'antique*, deren strenge Metrisierung auch auf die Schrittfolgen des Balletts übertragen wird; die *ballets de cour* werden zum Hauptträger antikisierender Tendenzen auf der Bühne. Diese Hofballette, in denen Gestalten aus der antiken Mythologie und allegorische Figuren die Hauptrolle spielen, besitzen meist keine durchgehende Bühnenhandlung; es sind opulent ausstaffierte Schaustücke mit großen Tanzszenen, bei denen der Hofadel und auch der König selbst mitwirken. Dieser Entwicklungsstrang der Oper verbindet sich in England mit den allseits beliebten Maskenspielen zur Gattung der *masque*, auch sie eine mit viel Pomp in Szene gesetzte Mischung aus Tanz, Pantomime und Gesang unter Beteiligung der Hofgesellschaft; die gattungsgeschichtlich etwas jüngere *anti-masque*, die bald zum festen Bestandteil der Aufführungen wird, hat eher grotesken Charakter und ist Sache professioneller Komödianten und Moriskentänzer.

Orfeo, Ur-Mythos der Oper

Das Vorbild für die Tragikomödien Tassos und Guarinis war Angelo Polizianos »Fabula d'Orfeo« von 1480. Der Orpheus-Stoff, der am Beginn der neuzeitlichen Schäferdichtung steht, wird auch zum Anfang aller Oper. Denn mit Ausnahme von

»Orpheus bin ich, der den Schritten Eurydikes durch diese finstere Ebene folgte, die noch niemals ein Sterblicher betrat. / O meiner Augen heitere Lichter, ein Blick von euch kann mich dem Leben zurückgeben, ach, wer verweigert mir Trost in meinen Qualen? / Du allein, edler Gott, kannst mir Hilfe gewähren. Du sollst dich nicht fürchten, denn ich habe nur die süßen Saiten meiner goldenen Leier als Waffe, die selbst die härteste Seele erweichen.«

Claudio Monteverdi, »L'Orfeo«, dritter Akt, 1607 (»Orfeo son io ...«)

»Apollo und Daphne«, Plastik von Gian Lorenzo Bernini. Der neben dem Orpheus-Mythos meistvertonte Stoff der frühen Oper ist die Geschichte der Daphne, die sich der Nachstellungen Apollos erwehren muß. Sie steht im Mittelpunkt der ersten Oper überhaupt, deren Musik allerdings verschollen ist; Marco da Gagliano vertont den Stoff erneut (Mantua 1608), ebenso Francesco Cavalli (Venedig 1640). Auch die deutsche Operngeschichte beginnt mit ihr, doch ist die »Daphne« von Heinrich Schütz (Torgau 1627, Text von Martin Opitz) ebenfalls verschollen.

Peris »Dafne« aus dem Jahr 1598, zu der zwar das Libretto, aber bis auf wenige Fragmente kein Notentext überliefert ist, greifen die frühesten Opern alle auf ihn zurück: Orpheus, den thrakischen Sänger, der Mensch und Tier verzaubert, der sogar Felsen und die Mächte der Unterwelt erweichen kann. Bewahrt haben den Mythos Orpheus' und seiner Eurydike, die er aus dem Totenreich zurückholt, die »Georgica« Vergils und Ovids »Metamorphosen«. Dante und Petrarca haben ihn in die Neuzeit transportiert. Ver›opert‹ und damit gleichsam in sein ureigenes Medium zurückversetzt wird er von Florentiner Komponisten an der Schwelle zum 17. Jahrhundert und auch danach noch manches Mal; die Reihe der Komponisten, die Orpheus auf die Bühne brachten, reicht von Monteverdi über Fux, Gluck und Haydn bis zu Offenbach und Henze.

Den ersten Versuch, der dramatischen Vorlage mit dem Mittel des *recitar cantando*, also des singenden Rezitierens, gerecht zu werden, unternimmt Peri; an seiner Produktion der »Euridice« beteiligt sich mit einigen Musikstücken auch Caccini, der seinerseits wenig später eine komplette Neuvertonung des Textes von Rinuccini (der bereits das Libretto zu »Dafne« schrieb) herausbringt und für sich in Anspruch nimmt, der erste zu sein, der ein Werk im *stile rappresentativo* im Druck vorlegt.

Als Ereignis am Rande der Vermählung Maria de' Medicis mit Heinrich IV. erlebt Peris »Euridice« im Palazzo Pitti am 6. Oktober des Jahres 1600 ihre Bühnentaufe. Die Uraufführung – ein spektakulärer Erfolg – leitet ein neues Kapitel der Musikgeschichte ein. Aber der Ruhm Peris und Caccinis, die beide auch hervorragende Sänger waren, ist verblaßt neben dem Claudio Monteverdis und seines »L'Orfeo« aus dem Jahr 1607.

Im Jahr 1597 erscheint Orazio Vecchis »L'Amfiparnaso«. Vecchi und sein Textdichter Giulio Cesare Croce greifen Motive der Schäferdichtung und der Commedia dell'arte auf, die sie virtuos zu einer dramaturgisch locker gefügten musikalischen Komödie verarbeiten. Dargeboten wird sie allerdings nicht szenisch, sondern als Abfolge meist fünfstimmiger Madrigale. Obwohl Vecchi in Adriano Banchieri einen Nachfolger findet, kann sich die Madrigalkomödie als Gattung auf Dauer nicht behaupten.

»Euridice« von Jacopo Peri und Giulio Caccini: Der Druck der ältesten erhaltenen Oper gibt lediglich die Singstimme und die Baßnoten der Begleitung wieder (*basso continuo*); Instrumentenangaben fehlen.

Claudio Monteverdi

Tonangebend in Mantua, der Heimat Vergils, ist das Fürstenhaus Gonzaga, das mit den Medici in Florenz und den Este in Ferrara um Macht und Ansehen wetteifert. Großgeworden sind die Gonzaga durch das Kriegshandwerk, berühmte Heerführer entstammen ihren Reihen, aber auch große Förderer der Künste, denen es gelang, Angelo Poliziano für einige Zeit an den Mantuaner Hof zu binden. 1590 erhält der 23jährige Monteverdi bei den Gonzaga eine Anstellung als Violaspieler; zwölf Jahre später wird er zum Hofkapellmeister ernannt.

Claudio Monteverdi kommt aus Cremona, wo er Schüler des Domkapellmeisters Marc' Antonio Ingegneri war; schon im Alter von 15 Jahren veröffentlicht er einen Motetten-Band und wenig später die beiden ersten von insgesamt neun Madrigalbüchern. In den zehn Jahren seiner Kapellmeistertätigkeit in Mantua, die nach einem Thronwechsel im Jahr 1612 jäh endet, schreibt Monteverdi u. a. die Oper »Arianna«, von der nur das berühmte Lamento erhalten ist, und den »Ballo delle ingrate«. Den äußeren Anlaß für die Entstehung der Oper liefert die Vermählung von Francesco Gonzaga mit Margherita von Savoyen im Jahr 1608; Leiter der Festaufführungen ist Ottavio Rinuccini, der auch die dramatischen Vorlagen für beide Werke schrieb. »L'Orfeo« hingegen, Monteverdis erste Oper, basiert auf einem Text des Freundes und Hofbeamten Alessandro Striggio und ist nicht primär für eine Festlichkeit entstanden, sondern war zur Aufführung im Kennerkreis der *Accademia degli invaghiti* gedacht, einer Institution vergleichbar der Camerata in Florenz. Der große

Erfolg gab den Ausschlag, das Werk wenig später nochmals am herzoglichen Hof und auch in öffentlichen Aufführungen in Mantua zu wiederholen.

Monteverdi und Striggio lehnen sich eng an Polizianos fünfaktiges, klassisch durchgeformtes Drama an und behalten, anders als Rinuccini in seiner »Euridice«, auch den tragischen Schluß der »Favola d'Orfeo« bei: Trotz des Verbots wendet Orpheus sich nach Eurydike um, als er sie aus dem Hades herausführt, und verliert sie so aufs neue, diesmal unwiderruflich. Aber noch etwas ist anders: Monteverdi behandelt das Prinzip des *recitar cantando* freier als die Florentiner, er weitet die Monodie zum ariosen Accompagnato aus und verleiht den Chören größeres Gewicht; zudem verwendet er ein reichhaltigeres Orchester, das großartige Klangwirkungen (Eröffnungstoccata) und den gezielten Einsatz von Instrumentalfarben erlaubt, so z. B. die allein erklingende hölzerne Orgel in jenem Moment, da Orpheus und Eurydike sich anblicken und für immer verlieren. Der affektgeladene Stil der Gesänge findet seine Entsprechung in den atmosphärisch dichten, die Handlung gliedernden instrumentalen Zwischenspielen (*sinfonie*) bzw. Ritornellen, etwa beim Eintritt Orpheus' in die Unterwelt, den ein dunkel gefärbter Bläsersatz vorbereitet; Streicher und Flöten wiederum begleiten seine traurige Rückkehr auf die Felder Thrakiens. Die Oper endet in einer Apotheose – Orpheus wird von Apollo in den Himmel geleitet (eine Szene, die bei Poliziano fehlt) –, gefolgt von einer ausgelassenen Moresca als Schlußballett.

So wortgebunden seine Musik auch ist, bricht Monteverdi doch an vielen Stellen die Textebene des Dramas auf und läßt seine Helden allein durch musikalische Mittel ›sprechen‹: in gewagten Intervallsprüngen und Dissonanzen, am auffälligsten in nachgerade halsbrecherischen Verzierungen als Ausdruck heftiger Emotion. Diese virtuosen Umspielungen oder schnellen Repetitionen langer Notenwerte am Phrasenschluß sind Ausgangspunkt für die Kadenzen späterer Bravour-Arien, aber auch Vorbild jenes ›erregten‹ Instrumentalstils (*stile concitato*), den Monteverdi selbst in

Orpheus als Kind: Deckendekoration in der *Camera degli sposi*. Das mit Fresken von Andrea Mantegna ausgemalte Zimmer der Verlobten ist eine der Hauptsehenswürdigkeiten des Palazzo Ducale in Mantua. Der Palast, ein Ensemble verschiedener Gebäude mit insgesamt mehr als 500 Räumen, beherbergte zur Zeit Monteverdis die größte Kunstsammlung Italiens, darunter Gemälde des jungen Peter Paul Rubens, der Hofmaler in Mantua war. Aus Geldmangel wurde sie 1627 an Karl I. von England verkauft.

seiner Kantate »Il combattimento di Tancredi e Clorinda« (1624) exemplarisch vorführt.

Im Jahr 1613 beginnt Monteverdis Tätigkeit als Kapellmeister am Markusdom in Venedig; er behält das Amt bis zu seinem Tod. Die meisten großen Bühenwerke aus dieser Zeit, u. a. die komische Oper »La finta pazza Licori« (1627), sind verschollen. Erhalten haben sich die beiden Spätwerke »Il ritorno d'Ulisse in patria« (1640) und »L'incoronazione di Poppea« (1643). Sie setzen den in »Orfeo« eingeschlagenen Weg hin zu einer stärkeren Konzentration auf Ariosi und Duette bzw. Ensembles fort; die Rezitativgestaltung wird freier und fließender, ohne jedoch musikalisch belanglos zu werden wie das vielfach nur abgehaspelte Rezitativ neueren Typs. »L'incoronazione di Poppea« gehört zu den ersten Opern, die nicht für einen Fürstenhof entstanden, sondern für ein öffentliches Opernhaus: das Teatro Santi Giovanni e Paolo in Venedig. Das erklärt, warum der instrumentale Aufwand geringer ist als in »Orfeo«, auch auf die Chöre wird verzichtet. Die »Poppea« gilt als Musterbei-

»Orfeo«-Inszenierung von Herbert Wernicke bei den Salzburger Festspielen 1993 (musikalische Leitung René Jacobs). Jacobs bietet den Klangapparat eines großen Intermedien-Orchesters auf: je zwei Continuo-Gruppen mit Orgel, Regal, Cembalo, Theorbe, fünfköpfiger Streichergruppe plus Baßgambe sowie eine dritte Gruppe mit Harfe, Laute, Lirone und zwei Baßgamben, außerdem noch Zinken, Flöten, Dulzian und Schlagzeug.

spiel der frühen venezianischen Oper und als zukunftsweisend für die Oper allgemein, weil sie ein so markantes Typenpersonal bereitstellt: das hohe Paar, dem ein im Rang niedrigeres gegenübersteht, die komische Alte und nicht zuletzt der verliebte Page, der in Mozarts Cherubino aus »Figaros Hochzeit« und in Octavian, dem Strauss'schen »Rosenkavalier«, weiterlebt.

Das Textbuch von 1607 und die zwei Jahre später gedruckte Partitur des »Orfeo« weichen voneinander ab. Das Libretto folgt noch weitgehend der Schlußversion Polizianos, nach der Orpheus, der in seinem Kummer allen Frauen abschwört und von wütenden Bacchantinnen verfolgt wird, mit deren Tanzlied die Geschichte endet; in der Partitur hingegen wird Orpheus von Apollo in den Himmel geleitet. Anders als die Partitur zu »Euridice« (1600) sind die Druckausgaben des »Orfeo« (1609 und 1615) mit Instrumentenangaben versehen. Die zweimalige Drucklegung beweist, welch hohe Wertschätzung diese Oper damals schon genießt.

L' ORFEO
FAVOLA IN MVSICA
DA CLAVDIO MONTEVERDI
RAPPRESENTATA IN MANTOVA
AL SERENISSIMO SIGNOR
In Venetia Appresso Ricciardo Amadino.
M D C IX

1506–1626
Bau der Peterskirche in Rom
1598
Boris Godunow wird zum Zaren gewählt.
1600–1608
Studienaufenthalt Peter Paul Rubens' in Italien
1616
William Shakespeare gestorben
1618–1648
Dreißigjähriger Krieg
1630
Gründung von Boston in Massachusetts
1632
Galileo Galilei wird vor die Inquisition zitiert.
1642
Englischer Bürgerkrieg (Theaterverbot)
1649–1660
Englische Republik unter Herrschaft Oliver Cromwells
1661
Beginn der Selbstherrschaft Ludwigs XIV.
1673
Einführung der Allongeperücke am französischen Hof
1683
Belagerung Wiens durch die Türken
1697
August der Starke wird König von Polen
1697/98
Zar Peter I. arbeitet inkognito auf einer Schiffswerft in Holland

Das erste Jahrhundert der Oper – Stationen eines Erfolges

Daß Menschen, wenn sie Selbstgespräche führen oder sich mit anderen verständigen, dies singend tun und womöglich gar in Versform, ist ein Phänomen, das sich heute sowenig wie gestern mit der Alltagserfahrung deckt. Aber es ist immerhin vorstellbar, daß es einst in einer fernen Zeit so war, daß Götter, Geister, Menschen und menschenähnliche Gestalten singend miteinander in Beziehung traten. Die Dichter und Komponisten, die sich an der Wende zum 17. Jahrhundert in das Abenteuer Oper stürzten, überspielten den schwachen Realitätsgehalt der Bühnenhandlung damit, daß sie sie an einen märchenhaften Ort verlegten und überdies in Orpheus einen Helden fanden, der als das personifizierte Ideal des Gesangs eine glaubhafte Bühnenfigur abgab. Auch Daphne, Heldin der ersten Oper, entstammte ja seiner Sphäre: eine Nymphe im Reich des Hirtengottes Pan. Im übrigen strebten die damaligen Opernmacher keinen platten Naturalismus an, sondern Wahrscheinlichkeit (*verosimiglianza*), und zwar mit Betonung auf der Silbe »Schein«: Die Illusion zu wahren, war das Ziel. Und sie konnten sich darauf berufen, daß ihr Versuch, Sprache zu musikalisieren, im Deklamationsstil der griechischen Tragödie vorgeformt war, was eine historische Legitimation ihres Tuns bedeutete.
Bereits ein halbes Jahrhundert später hat sich die neue Kunstform etabliert. Oper ist Oper, und daß man in der Oper singt, ist eine Selbstverständlichkeit. Damit ist der Weg frei, das Genre zu entwickeln, ohne sich an die Mythologie und die erprobten Schäferspiele anzulehnen. Auch

ein weiteres bestimmendes Merkmal der frühen Oper verliert an Bedeutung, ja wird zunehmend ins Gegenteil verkehrt: Während Monteverdi noch fordert, die Musik habe im Dienst des Wortes oder vielmehr des Wortvortrags zu stehen (»l'oratione sia padrona dell'armonia e non serva«), verfahren seine Erben bald nach der Devise: Zuerst die Musik und dann die Worte! (»Prima la musica e poi le parole«).

Venedig: Die ersten Opernunternehmen

Mit der Oper »Andromeda« von Benedetto Ferrari und Francesco Manelli, die beide auch Pächter des Theaters sind, wird in Venedig im Jahr 1637 das Teatro San Cassiano als erstes öffentliches Opernhaus eröffnet. Die Oper, deren Musik nicht überliefert ist, verarbeitet noch einmal einen Stoff aus der griechischen Mythologie: Andromeda, Tochter des Kepheus und der Kassiopeia, soll einem Seeungeheuer geopfert werden, wird jedoch errettet und, so will es die Legende, nach ihrem Tod verstirnt.

Perseus eilt aus der Luft herbei, um die an einen Felsen gekettete Andromeda aus der Gewalt des Seeungeheuers zu befreien (Stich von Francesco Guitti, 17. Jahrhundert). Der Kasten oberhalb der Treppe könnte eine Art Orchestergraben sein.

Die erfolgreiche Aufnahme des Opernbetriebs im Teatro San Cassiano führt dazu, daß in Venedig neue Theater förmlich aus dem Boden gestampft werden: Innerhalb weniger Jahrzehnte entstehen sechs weitere Spielstätten. 1678 eröffnet das Teatro Grimani, das nach der benachbarten Kirche auch Teatro San Giovanni Crisostomo genannt wird. In fünf Rängen übereinander liegen 175 Logen, und wie der Kupferstich zeigt, reicht auch für ein so großes Haus offenbar ein zwölfköpfiges Orchester aus.

Aber Stoffe wie dieser werden zunehmend verdrängt von historischen Sujets. Den Anfang macht Monteverdi mit »L'incoronazione di Poppea«, in deren Mittelpunkt die historische Figur des Nero steht, der seine Gemahlin (Ottavia) in die Verbannung schickt und an ihrer Stelle die Geliebte (Poppea) zur Kaiserin erhebt. Ein antikisierendes Moment bleibt in den allegorischen Figuren des Prologs (Fortuna, Virtù, Amore) erhalten. Zu den Hauptmerkmalen der venezianischen Oper gehört die Einbeziehung komischer Elemente. Sie entspringt der zeittypischen Vorliebe für die Schelme und Dienerfiguren zumeist spanischer Dramen und Romane (Pikareske), die auch auf die Librettistik abfärben, und sie kommt natürlich den Unterhaltungsansprüchen des zahlenden Publikums entgegen. In den für Opernzwecke umgebauten Theatern in Venedig – 1640 sind es drei, wenig später konkurrieren bis zu sieben Häuser miteinander – haben Angehörige der Aristokratie, als Eigentümer, nach wie vor das Sagen. Was gespielt wird, bestimmen freilich die Pächter; sie orientieren sich am Geschmack des breiten Publikums, das sich aus allen Schichten der Stadtbevölkerung zusammensetzt: im Rund des Parketts das Bürgertum, in den fest vermieteten Logen vorwiegend Zuschauer der höheren Stände.

Die Kommerzialisierung der Oper und die stetig wachsende Zahl der Opernproduktionen geht mit einer Rationalisierung einher, die sich auch auf die musikalischen Formen auswirkt. Die noch bei Monteverdi vorhandene Vielfalt weicht allmählich einer starren Abfolge von Rezitativ und Arie unter weitgehendem Verzicht auf Chöre und Ensembles; für die Arie wird die Da-capo-Form verbindlich, ariose Zwischenformen (*mezz'arie*) gehen im Accompagnato-Rezitativ auf, die letzten Überbleibsel des *recitar cantando* verschwinden im knappen Secco-Rezitativ, entsprechend kleiner – zumal im Vergleich mit den Intermedien-Orchestern der Fürstenhöfe – wird auch der Orchesterapparat. Das durch viele komische Szenen aufgelockerte Handlungsschema der meisten Libretti beruht auf dem Mechanismus von Verwechslung und Intrige. Beteiligt sind in der Regel zwei Paare unterschiedlichen Standes und diverse Nebenfiguren, ein lustiger Diener fehlt so gut wie nie.

La Fenice, das berühmteste und mit über 2000 Plätzen größte Opernhaus Venedigs, entsteht erst Ende des 18. Jahrhunderts als Nachfolgebau des abgebrannten Teatro San Benedetto (Stich von Domenico Cagnoni, 19. Jahrhundert).

Ansicht von San Marco, der Wirkungsstätte Claudio Monteverdis. Ein Tenorist aus dem Chor wird sein Schüler: Francesco Cavalli. Dessen »L'Ormindo« hat 1644 im Teatro San Cassiano Premiere. Es ist eine von insgesamt 42 Cavalli-Opern, 28 haben sich erhalten. Zusammen mit Monteverdi und dem jüngeren Antonio Cesti, der 1649 mit »L'Orontea« in Venedig debütiert, ist Cavalli der wichtigste Vertreter der frühen venezianischen Oper, die auch die Bühnen außerhalb Italiens erobert.

Viele Librettisten des 17. Jahrhunderts sind Gelegenheitsdichter. Ihr Honorar besteht oft nur aus den Einnahmen, die der Verkauf der Textbücher zum Mitlesen während der Vorstellung bringt; Wachskerzen werden gleich mitverkauft. Einer der herausragenden venezianischen Operndichter ist Gian Francesco Busenello, der hauptberuflich als Anwalt tätig ist und insgesamt fünf Libretti u. a. für Monteverdi (»Poppea«) und Francesco Cavalli (»La Didone«) schreibt. Gleichrangig neben ihm steht Giovanni Faustini; von ihm stammen etwa ein Dutzend Operntexte, die u.a. von Cavalli vertont werden und etlichen Nachahmern als Vorbild dienen. Beide Librettisten sind jedoch weit entfernt von Stückzahlen, wie sie dann Niccolò Minato und

»L'incoronazione di Poppea« in der Inszenierung von Jürgen Flimm bei den Salzburger Festspielen 1993 (Bühnenbild von Rolf Glittenberg, musikalische Leitung Nikolaus Harnoncourt)

Apostolo Zeno erreichen, die jeder mehr als 50 Opern und etliche Oratorientexte für den Wiener Hof verfassen.

Rom: Musiktheater in der Gunst der hohen Geistlichkeit

Die in Rom uraufgeführte »Rappresentazione di anima e di corpo« von Emilio de' Cavalieri (1600) steht zusammen mit dem *dramma pastorale* »Eumelio« von Agostino Agazzari (1606) am Beginn der römischen Oper. Obwohl beide Werke der Tradition geistlicher Spiele bzw. Schuldramen angehören, sind sie stilistisch den Florentiner Opern eng verwandt und rufen so auch in Rom ein Interesse an der neuen Gattung wach. Bis zur Uraufführung der ersten römischen Opern im eigentlichen Sinne vergehen freilich noch fast 20 Jahre. Die erste ist wieder eine Orpheus-Oper, »La morte d'Orfeo« von Stefano Landi (1619), und auch die zweite, »L'Aretusa« von Filippo Vitali (1620), ist ein in Musik gesetztes Hirtendrama. Landi gilt als der erste Opernschöpfer, der Komponist und Librettist in einer Person war. Mit der Figur des betrunkenen Fährmannes Caronte setzt er in seiner Orpheus-Oper einen deutlich komischen Akzent, der bereits jene Tendenz erkennen läßt, die eingangs des 18. Jahrhunderts zur Aufspaltung der Gattung in ein komisches (*opera buffa*) und ein ernstes Genre (*opera seria*) führt.

Monica Bacelli als Diana und Maria Bayo in der Titelrolle von Cavallis »La Calisto« in der Inszenierung von Herbert Wernicke am Théâtre Royal de La Monnaie in Brüssel 1993 (musikalische Leitung René Jacobs)

Die römische Oper besitzt ihre wichtigsten Förderer in den Kardinälen Antonio und Francesco Barberini, den beiden Neffen des Papstes Urban VIII. Im neu erbauten Theater des Palazzo Barberini, das 3000 Zuhörern Platz bietet, lassen sie 1632 Stefano Landis »Il Sant' Alessio« aufführen, die erste ›religiöse‹ Oper der Geschichte und eine der ersten, die mit der vorangestellten mehrteiligen Sinfonia (»per introduzione del prologo«) eine richtiggehende Ouvertüre besitzt; die Titelrolle ist eine Kastratenpartie, wie überhaupt im Kirchenstaat bis weit ins 18. Jahrhundert hinein alle hohen Partien, also auch die Frauenrollen, von Männern gesungen werden. Für die raffinierte Dekoration und Bühnentechnik zeichnet der päpstliche Architekt Gian Lorenzo Bernini verantwortlich. Das Libretto, das auch mit komischen Szenen aufwartet, liefert der Kardinal (und nachmalige Papst Clemens IX.) Giulio Rospigliosi. Mit »Chi soffre, speri«, deren teilweise im Dialekt singende Dienerfiguren den Einfluß der Commedia dell'arte verraten, schafft Rospigliosi im Jahr darauf einen frühen Vorläufer der Buffo-Oper (Musik von Virgilio Mazzocchi und Marco Marazzoli). Der feudale Hintergrund der römischen Oper, der einen größeren personellen und bühnentechnischen Luxus erlaubt, als er in Venedig üblich ist,

Mitglieder der päpstlichen Familien sind die wichtigsten Mäzene der römischen Oper und des Oratoriums. Adelspaläste wie der Palazzo Pamphili sind mit Theatersälen ausgestattet.

zeitigt eine typisch römische Vorliebe für Chöre und spektakuläre Maschineneffekte.

Unter Papst Innozenz X., der den Barberini-Clan aus der Stadt vertreibt, endet die frühe Blüte der römischen Oper und an ihre Stelle tritt das geistliche Oratorium. Den in Frankreich Schutz suchenden Barberini folgt eine große Zahl italienischer Künstler, u. a. auch Luigi Rossi, dessen *tragicomedia per musica* »Orfeo« in der Karnevalssaison 1647 im Theatersaal des Louvre uraufgeführt wird. Die darin eingestreuten Ensembles, Ballette und vollstimmigen Orchesterzwischenspiele sind eine Konzession an den französischen Geschmack, doch sichern sie dem Werk keinen nachhaltigen Erfolg. Der häufige Gebrauch von Taktwechseln allerdings ist ein Merkmal der Rossi-Oper, das zum Stilmittel späterer französischer Opern wird.

Paris: Oper und Ballett am Hof des Sonnenkönigs

Weder in den römischen noch in den kommerziell erfolgreichen Opern Venedigs besitzt das Ballett einen besonderen Stellenwert. Ganz anders in Frankreich, wo sich im letzten Drittel des 17. Jahrhunderts die *tragédie en musique* herausbildet. Die ›Erfinder‹ dieses später *tragédie lyrique* genannten Operntyps ganz eigener Prägung sind der italienische Hofkomponist Ludwigs XIV., Jean-Baptiste Lully, und sein Librettist Philippe Quinault, dessen geschliffene Verse (vorwiegend Alexandriner) den erlesenen Charakter der neuen Gattung unterstreichen. Das Ergebnis ihrer 15jährigen Zusammenarbeit ist ein rundes Dutzend Opern vorwiegend mythologischen Inhalts, die fast ein

Jahrhundert lang als modellhaft empfunden werden und auch im Ausland Bewunderung erregen.

Lully steht in Paris und Versailles ein vortreffliches Orchester zur Verfügung; mit einer Ballettschule und der Académie Royale de Musique, die als Operninstitut eine Art Monopolstellung besitzt, kommen Einrichtungen hinzu, die es erlauben, dem ungeliebten und kostspieligen Import von italienischen Opern wie Cavallis »Serse« (1660) etwas Eigenes entgegenzusetzen. Lully versucht dies erstmals 1662, als er »L'Ercole amante« von Cavalli, den dieser durch zahlreiche Chöre bereits dem französischen Geschmack angeglichen hat, mit hinzukomponierten Balletten, die am Ende mehr Beifall finden als die Oper selbst, in seinem Sinne ummodelt. Auf »Psyché« (1671), die so etwas wie eine letzte Vorstufe darstellt, folgt mit »Cadmus et Hermione« (1673) die erste vollwertige Tragédie en musique. Danach bringt Lully mit Werken wie »Alceste« (1674), »Atys« (1676), »Phaéton« (1683) und »Armide et Renaud« (1686) fast jährlich eine neue Opernproduktion heraus, bis er sich bei der Aufführung seines Te Deums für den von einer Krankheit genesenen König mit dem Taktstock – damals ein schwerer, bis zum Boden reichender Stab – am Fuß verletzt und 1687 an den Folgen dieses Arbeitsunfalls stirbt.

Zunächst als *garçon de chambre* und Sprachlehrer, dann als Tänzer, Schauspieler und Komponist arbeitet sich der gebürtige Italiener Jean-Baptise Lully zum Beherrscher des französischen Musiklebens unter Ludwig XIV. empor.

Die aus fünf Akten und einem Prolog bestehende Tragédie lyrique scheint in ihrem geschlossenen dramaturgischen Aufbau unmittelbar an die (meist dreiaktige) italienische Oper anzuknüpfen. Die thematische Ausrichtung, die spektakulären Deus-ex-machina-Effekte, der ungeheure szenische Aufwand überhaupt – vor

Ballettszene aus Lullys letzter Oper »Armide et Renaud« (1686) nach einer Episode aus dem Drama »Das befreite Jerusalem« von Torquato Tasso. Durch ihre Liebe zu dem Kreuzfahrer Renaud verliert die orientalische Prinzessin Armida ihre Zaubermacht, und sie versucht, den schlafenden Renaud zu töten – eine der berühmtesten ›Schlummerszenen‹ der Opernliteratur, deren Musik Johann Sebastian Bach in seiner »Matthäuspassion« aufgegriffen hat (Chor »Nun schlafen unsere Sünden ein«).

allem in den pompösen Herrscherhuldigungen des Prologs –, das alles erinnert freilich auch an die festlichen Intermedien früherer Tage. Nicht zu übersehen ist die Verwandtschaft mit der in Frankreich stets lebendig gebliebenen Gattung des Ballet de cour, zu der auch Lully noch zahlreiche Beiträge liefert. Wie das *opéra-ballet*, das keine durchgehende Handlung besitzt, oder das mit Schauspielen – vorzugsweise von Molière – kombinierte *comédie-ballet* lassen sich diese großen Ballette an Glanz, nicht aber in ihrem künstlerischen Anspruch dem ›Gesamtkunstwerk‹ der Tragédie lyrique vergleichen.

Charakteristisch wie die vielen Chöre und ausgedehnten Tanz- und Gesangseinlagen (*divertissements*) ist auch die obligatorische, den Prolog umrahmende Orchesterouvertüre. Ihre meist dreiteilige Anlage (langsam-schnell-langsam) mit gravitätischem Beginn

Die *Salle des machines* der Tuilerien wird 1662 mit Cavallis »L'Ercole amante« als Theatersaal eröffnet; Lully liefert die Ballettmusik dazu.

in scharf punktiertem Rhythmus und fugiertem Mittelteil wird zu einem in ganz Europa und in fast allen Gattungen der Instrumentalmusik kopierten Modell. Ohnehin ist der instrumentale Anteil – von der kurzen Überleitung über klangmalerische Episoden (Sturmszenen) bis zu den Zwischenaktmusiken – weit bedeutender als in italienischen Opern, weshalb auch die Aufführungsdauer einer Tragédie lyrique mit den zugehörigen Balletten vier Stunden und mehr betragen kann. Ausgedehnte Chaconnen, meist am Aktschluß, gehören seit Lully zum festen Inventar von Ballettoper und Tragédie lyrique. Auch in der Gewichtung von Rezitativ und Arie unterscheiden sich die französische und italienische Barockoper: Das französische *récitatif* ist nuancenreicher und orientiert sich eng am hohen Ton der Dichtung, während sein italienisches Pendant gegen Ende des Jahrhunderts bereits zu einem saloppen Sprechgesang tendiert, der musikalisch fast stereotyp, in gänzlich floskelhaften Wendungen, abläuft. Die italienischen Arien hingegen entwickeln sich zur Hauptattraktion im musikalischen Zusammenhang der Oper, es sind ausladende, musikalisch

Die Zerstörung des Palastes der Armida in Lullys gleichnamiger Oper bedarf einer ausgeklügelten Bühnenmaschinerie (Stichvorlage des Theaterarchitekten Jean Berain).

durchstrukturierte und kunstvoll ausgezierte strophische Gebilde, deren sängerische Bewältigung hohe technische und gestalterische Virtuosität verlangt. Die französischen *airs* behalten ein eher liedhaftes Gepräge bei, das dem Versmaß und einer ›natürlichen‹ Deklamation verpflichtet bleibt, so daß italienische Ohren den Unterschied zwischen Rezitativ und Arie gar nicht bemerken – jedenfalls soll es, einer Anekdote zufolge, dem Dichter Carlo Goldoni so ergangen sein.

Die privilegierte Stellung Lullys und seiner Opern am Hof des Sonnenkönigs wirkt sich stilbestimmend auf die Werke seiner Nachfolger aus, doch ist es durchaus nicht so, als hätten Marc-Antoine Charpentier, der zu Lebzeiten des mächtigen Konkurrenten nicht mit Opern in Erscheinung trat, oder der jüngere André Campra nichts Neues zur Gattung der Tragédie lyrique beigetragen. Für beide gilt, daß sie die französische Oper behutsam wieder der italienischen annähern, am deutlichsten in der Ballettoper »Les fêtes vénitiennes« (1710), worin Campra die rivalisierenden Nationalstile auf ebenso witzige wie elegante Weise vorführt und versöhnt.

Die seit Mitte des 17. Jahrhunderts in den Kunstdebatten Frankreichs gärende Kontroverse um den Vorrang der italienischen vor der französischen Musik kommt 100 Jahre später im sogenannten Buffonistenstreit zum Ausbruch. Er markiert das Ende der Tragédie lyrique, die sich im Spätschaffen Jean-Philippe Rameaus noch einmal zu klassischer Größe erhebt, obwohl sie textlich nicht mehr an das Niveau der Vorlagen Quinaults heranreicht.

Neapel: Auf dem Weg zur Opernschmiede Europas

Die rasche Verbreitung der venezianischen Oper überall in Italien ist nicht zuletzt auf reisende Ensembles wie die »Febi armonici« zurückzuführen, die zumeist aus bereits bestehenden Schauspieltruppen hervorgehen. Während die römische Oper stärker auf die höfische Oper nach Frankreich ausstrahlt, findet die venezianische eine direkte Fortsetzung in Neapel, wo nach der Jahrhundertwende eine nachgerade massenhafte Produktion von Opern einsetzt. Als der erste neapolitanische Opernkomponist gilt Francesco Provenzale. 1673 wird er Leiter des Conservatorio della Pietà dei Turchini, eines Waisenhauses, das durch die systematische Heranführung der Zöglinge an die Musik zu einer Schmiede hervorragender Talente wird. Von den Opern Provenzales sind nur »Il schiavo di sua moglie« (1672) und »La Stellidaura vendicante« (1674) überliefert, letztere ein turbulentes Eifersuchts- und Intrigendrama mit einer Dialektrolle für den launigen Diener.

Neben Provenzale ist der Venezianer Pietro Andrea Ziani – seit 1678 Lehrer am Conservatorio San Onofrio und seit 1680 Kapellmeister des Vizekönigs – als erfolgreicher Bühnenkomponist in Neapel tätig. Sein Nachfolger im Amt des Hofkapellmeisters wird im Jahr 1684 der in Rom ausgebildete Alessandro Scarlatti. Er schreibt mehr als 100 Opern, von denen etwa ein Drittel erhalten ist. Seinen größten Erfolg in Neapel feiert er mit der komischen Oper »Il trionfo dell'onore«, die nach der Uraufführung 18 Mal wiederholt wird. Als Haupt der neapolitanischen Schule, deren Opern-Schematismus die Entwicklung im 18. Jahrhundert ganz entscheidend prägt, läßt Scarlatti sich dennoch nicht bezeichnen, steht er doch, zumal in seinem frühen Schaffen, noch ganz auf dem Boden der venezianischen Tradition mit ihrem vergleichsweise farbigen Rezitativ und ihrem Reichtum an ariosen Zwischenformen. Ein Hauptmerkmal der neapolitanischen Oper bildet freilich auch bei ihm bereits die Regel: die dreiteilige Sinfonia (schnell-langsam-schnell) als Ouvertüre. Fester Bestandteil seiner späteren Opern sind auch die orchesterbegleitete Da-capo-Arie und das Accompagnato (Rezitativ mit Orchester- statt Basso-continuo-Begleitung).

Die Barockoper außerhalb Italiens und Frankreichs

Die jahrhundertelange Fremdherrschaft mächtigerer Nachbarn in Italien hat sich auf die Geschichte der Oper, die ja eine vorwiegend italienische Geschichte ist, nicht nachteilig ausgewirkt. Im Gegenteil, die Bindungen an Öster-

›Höllenrachen‹-Dekoration von Ludovico Burnacini für die Oper »Il pomo d'oro«: Charon, der Fährmann der Unterwelt, überquert den Höllenfluß; im Hintergund eine brennende Stadt. Mit »Il pomo d'oro« wird 1668 das von Burnacini entworfene kaiserliche Opernhaus auf der Cortina in Wien eröffnet; der gewaltige Bau (65 m lang, 27 m breit, 15 m hoch) wird 1683 bei der Belagerung durch die Türken wieder zerstört.

Carlo Broschi, genannt Farinelli, ist der berühmteste aller Kastraten; 1724 debütiert er in Wien. Nach beispiellosen Erfolgen als Star der Londoner »Opera of the Nobility« unter Nicola Porpora geht er 1737 nach Madrid, wo er bis 1760 als Operndirektor tätig ist und zum engen Vertrauten der spanischen Könige wird.

reich, Spanien und Frankreich haben den Export der italienischen Oper beschleunigt. Zu ihrer fast erdrückenden Dominanz im 17. und 18. Jahrhundert stellt nur die Tragédie lyrique ein nennenswertes Gegengewicht dar.

Der größte ›Importeur‹ italienischer Opern samt dem zugehörigen künstlerischen Personal ist der Kaiserhof in Wien. Tonangebend dort ist die venezianische Oper, vertreten durch Komponisten wie Antonio Cesti, Pietro Andrea Ziani und Antonio Draghi. Letzterer schreibt weit über 100 Opern, die meisten davon auf Libretti von Niccolò Minato, der 1669 zum Hofdichter ernannt wird. Einen kaum weniger bedeutenden Schwerpunkt von Draghis Tätigkeit als kaiserlicher »Intendant der Theatermusik« (seit 1673) und Hofkapellmeister (seit 1682) bilden die *rappresentazioni sacre* oder *azioni sacre* genannten geistlichen Musikdramen, die in Wien während der Fastenzeit aufgeführt werden, wenn Oper und Theater geschlossen bleiben. Seit den Tagen Ferdinands III. erfreut sich diese Gattung besonderer kaiserlicher Wertschätzung. Leopold I. tritt selbst als Verfasser mehrerer Oratorien und Azioni sacre in Erscheinung. Eine besondere Spielart stellen die der Karwoche vorbehaltenen *sepolcri* dar, in deren Mittelpunkt die Grablegung Christi steht. Erst im 18. Jahrhundert, während der Regentschaft Karls VI., erlischt diese Wiener Tradition, und an die Stelle der szenischen Rappresentazioni und Sepolcri treten konzertante Oratorien.

Das bedeutendste Opernereignis in der Kaiserstadt ist die Uraufführung von Antonio Cestis »Il pomo d'oro« (Text von Francesco Sbarra) anläßlich der Vermählung Leopolds I. mit der spanischen Infantin Margarete. Im Zentrum der Handlung steht das Urteil des Paris, der im Streit um die Frage, wer die schönste der Göttinnen sei, Venus den goldenen Zankapfel Discordias zuerkennt. Athene und Juno versuchen Paris zu vernichten, bis der des Streites überdrüssige Jupiter den Apfel raubt und ihn – auch als Symbol der Einheit des Reiches – Margarete, der neuen Kaiserin, überreicht. Für die wohl mehr als zehnstündige, auf zwei Nachmittage verteilte Aufführung, bestehend aus einem Prolog und fünf Akten mit insgesamt 67 Szenen, liefert der Architekt und Bühnenbildner Ludovico Ottavio Burnacini 24 verschiedene Dekorationen. Annähernd 50 Gesangsrollen sind zu besetzen. Die Musik zu den Balletteinlagen schreibt der spätere Hofkapellmeister Johann Heinrich Schmelzer. Die Gesamtkosten für das Spektakel betragen 100 000 Reichstaler. Leider ist das Werk nur unvollständig überliefert; es fehlt die Musik zum dritten und zum fünften Akt.

Farinelli in einer Frauenrolle (Karikatur von Pierleone Ghezzi, Rom 1724)

Aufgrund des ungeheuren personellen und inszenatorischen Aufwands sind Prunkopern dieses Ausmaßes auch in Wien nicht der Normalfall. Vorherrschend sind, wie in Venedig, dreiaktige Opern mit etwa einem halben Dutzend Hauptrollen; bei den diversen Nebenrollen ist es häufig so, daß ein Sänger gleich mehrere davon übernimmt. Viele männliche Hauptrollen sind Altisten oder Sopranisten zugedacht – Stimmlagen, die heute von Sängerinnen, manchmal aber auch von Falsettisten bzw. Countertenören gesungen werden. In der Barockzeit sind sie die Domäne von Kastraten wie Ferri, Senesino, Farinelli und Cafarelli, den umjubelten Stars der italienischen Oper.

»Die Kastraten sind an Frauenrollen so gewöhnt, daß die besten Schauspielerinnen der Welt es nicht besser treffen könnten; ihre Stimmen sind so süß als die ihren und doch viel stärker; sie sind größer als der Durchschnitt der Frauen und haben dazu mehr Majestät ... Ferini zum Beispiel, der 1698 in Rom die Gestalt der Sibaris in der Oper ›Temistocle‹ darstellte, ist größer und schöner, als es gewöhnlich Frauen sind ..., als persische Prinzessin angetan, wie er war mit Turban und Aigrette, hatte er das Ansehen einer Königin und Kaiserin, und man hat vielleicht nie auf der Welt eine schönere Frau gesehen als er in diesem Aufzug schien.«

Abbé François Raguenet über die Kastraten (aus: »Parallèle des Italiens et des François en ce qui regarde la musique et les opéras«, 1702)

Auch in Spanien, das bis zum Beginn des Erbfolgekrieges (1701–1713/14) mit Neapel, Sizilien und Sardinien den größten Teil Italiens beherrscht, machen sich starke italienische Einflüsse in der Musik bemerkbar. Der italienischen Oper freilich gelingt der endgültige Durchbruch erst im 18. Jahrhundert. Bis dahin behauptet sich in Spanien eine eigenständige Tradition des Musiktheaters: die *zarzuela*, hervorgegangen aus Dramen-Dreiaktern, die anfänglich nur mit musikalischen Einlagen versehen werden, dann aber mit diesen zu einer dramaturgisch geschlossenen, zweiaktigen Form zusammenwachsen. Die Nähe zum Drama zeigt sich in der Beibehaltung gesprochener Dialoge. Am Hof des spanischen Vizekönigs in Lima findet bereits 1701 die erste Aufführung einer südamerikanischen Oper statt (»La púrpura de la rósa« von Tomás de Torrejón y Velasco).

In der durch den Bürgerkrieg und das zeitweilige Theaterverbot der Cromwell-Ära beeinträchtigten Entwicklung des englischen Musiktheaters kommt es in der zweiten Hälfte des 17. Jahrhunderts zu einer vorsichtigen Annäherung an die italienische Oper und die noch im Entstehen begriffene Tragédie lyrique. Stärker als diese kontinentalen Einflüsse macht sich jedoch die heimische Tradition der Masque in den ersten englischen *operas* bemerkbar, namentlich im besonders hohen Anteil der Chöre und Tänze. Am ehesten dem konventionellen Erscheinungsbild entspricht Henry Purcells »Dido and Aeneas« aus dem Jahr 1689, eine dreiaktige Oper mit französischer Ouvertüre und Prolog, deren Aufführungsdauer gleichwohl nur eine

Stunde beträgt. In späteren Werken wie »King Arthur« (1691) oder »The Fairy Queen« (1693) kehrt Purcell zur *semi opera* (mit gesprochenen Dialogen) zurück und bewegt sich damit wieder in den Bahnen seiner Vorläufer, als deren bedeutendster Matthew Locke (»Psyche« 1675) anzusehen ist.

Am Dresdner Hof, wo italienische Musiker bereits seit der Mitte des 16. Jahrhunderts tätig sind, findet mit Giovanni Andrea Bontempis »Il Paride« im Jahr 1662 die erste Aufführung einer italienischen Oper statt; 1671 folgt im vier Jahre zuvor fertiggestellten Opernhaus am Taschenberg Bontempis »Teutsche musicalische Opera von der Daphne«, die noch einmal das Sujet der verschollenen Schütz-Oper von 1627 aufgreift. Rege musikalische Beziehungen mit Italien unterhält auch München, wo bereits 1658 in einem ehemaligen Kornspeicher eine Opernspielstätte (»Salvatortheater«) eingerichtet wird.

Der hier in Frauenkleidern abgebildete Gentile Borgondio ist neben Girolamo Crescentini, dem berühmten kaiserlichen Gesangslehrer in Wien und Paris, der seine Karriere 1812 beendet, einer der Letzten aus der großen Ära der Kastraten. Die päpstliche Cappella Sistina, in der keine Frauenstimmen zugelassen sind, verabschiedet ihren letzten Kastraten erst Anfang des 20. Jahrhunderts.

1716, im Jahr nach seiner Ernennung zum Wiener Hofkapellmeister, komponiert Johann Joseph Fux anläßlich der Geburt des Prinzen die Oper »Angelica, Vincitrice di Alcina«. Die Ausstattung besorgt Giuseppe Galli-Bibiena, der berühmteste Theaterarchitekt seiner Zeit. Die Freiluftaufführung im Garten der Favorita findet bei Nacht in einem sogenannten Teichtheater statt: Die Bühne umschließt einen Teich, auf dem Schiffe und künstliche Inseln erscheinen.

Helga Schmidt als Errea in Agostino Steffanis *Dramma eroico-comico* »Enrico Leone« (Libretto von Ortensio Mauro), wiederaufgeführt in Hannover 1989 (Inszenierung und Bühnenbild von Herbert Wernicke, musikalische Leitung Lajos Rovatkay). 200 Jahre zuvor wurde mit diesem Werk das erste hannoversche Opernhaus eröffnet, ausgestattet mit rund 1300 Plätzen und raffinierter Bühnentechnik, die folgende Wunder bewirkte: »Ein Schiff, das zerbricht. Ein Greiff, welcher Heinrich in sein Nist führet. Ein Kampf zwischen den Greiffen und Löwen. Die Erscheinung Heinrichs im Vorgemach der Metilda durch Zauberkunst. Eine Wolcke, so Heinrich führet auff den Kalckberg bei Lüneburg. Ein Teuffel, welcher den Löwen in die Luft wirfft. Die Beläger- und Eroberung Bardewicks. Ein Triumpff-Wagen, von 4 lebendigen Pferden gezogen.«

Leider hat sich keine der dort nachweislich aufgeführten Opern von Johann Kaspar Kerll erhalten. Im Jahr 1681 wird Agostino Steffani zum Direktor der Kammermusik am kurfürstlichen Hof ernannt. Bis zu seinem Weggang nach Hannover (1688) schreibt er für München fünf Opern (teilweise verschollen).

Zur Eröffnung des neuen Schloßtheaters von Hannover kommt 1689 Steffanis »Henrico Leone« heraus, eine italienische Oper mit – wie bei Steffani üblich – französischer Ouvertüre. Sie wird an verschiedenen Orten nachgespielt, so auch 1716 in der deutschen Bearbeitung

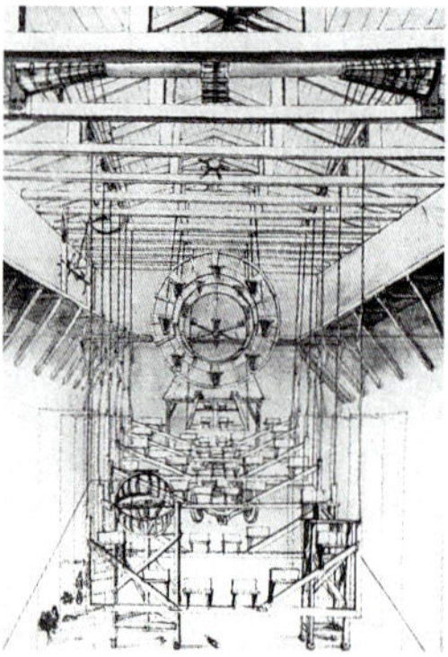

Hinter der beweglichen Wolkendekoration zur Oper »Germanico sul Reno« von Giovanni Legrenzi (Venedig 1675, Libretto von Giulio Cesare Corradi) verbirgt sich eine aufwendige Maschinerie.

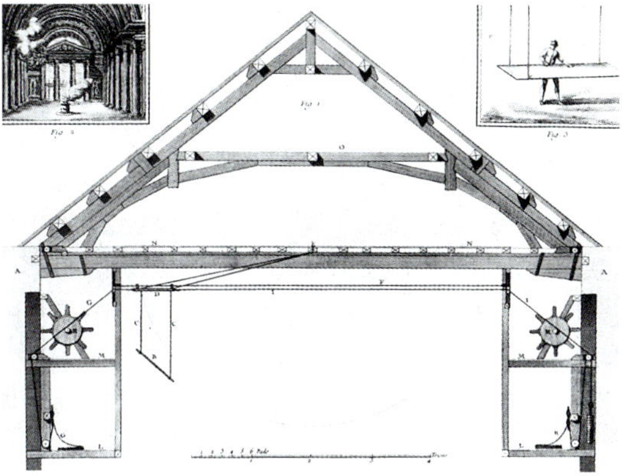

Flugvorrichtung für den auf einer Wolke herabschwebenden Merkur, dargestellt in der »Encyclopédie« von Denis Diderot und Jean Le Rond d'Alembert (Paris 1772)

durch Georg Caspar Schürmann in Braunschweig. Seit 1690, als durch den Umbau des Rathauses auf dem Hagenmarkt ein Bühnenhaus entsteht, hat sich dort eine kontinuierliche Opernpflege entwickelt. Anders als in den deutschen Residenzstädten bildet sich in Hamburg eine bürgerliche Operntradition heraus, deren wechselvolle Blüte von 1678 bis 1738 währt. Unter Reinhard Keisers Ägide, die 1695 mit der Aufführung seiner Braunschweiger Oper »Der königliche Schäfer oder Basilius in Arcadien« beginnt, erlebt die Hamburger Oper ihre künstlerisch ertragreichste Zeit.

»Es wurden immer neue Flugwerke, Geräthe und Vehikel mancher Art und Form gefordert, um die Luftwesen und alles, was vom Himmel herab und vom Abgrund herauf in den Bezirk des Opernraritätenkastens spedirt werden soll, an Ort und Stelle zu Schau zu bringen. Das Theater änderte sich oft in einer Oper zwanzigmal. Um Schicklichkeit der Dekorationen kümmerte man sich nicht. Städte, Häuser, Berge, Wälder, statuenreiche und illuminierte Säle, Vorhöfe, Schlafgemächer giengen nach einander hin und her, auf und zu. Triumphwagen, Sänften, Reuter mit ihren Gäulen, Kameele, Kähne zogen, galoppirten und schoben sich auf und ab. Jede neue Oper forderte neue Kleidungen, zwar freilich ohne ächte Besatze, aber durch Mannigfaltigkeit der zeuge vertheuert.«

Johann Friedrich Schütze über die Gänsemarkt-Oper (»Hamburgische Theatergeschichte«, 1794)

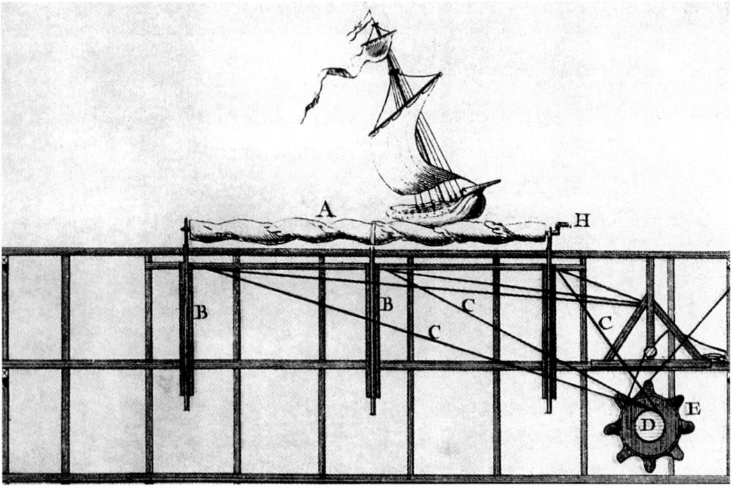

Konstruktion für Schiffs- und Wellenbewegungen auf der Bühne (»Encyclopédie«, Paris 1772)

Etwa 40 Jahre nach Gründung der ersten öffentlichen Opernhäuser in Venedig eröffnet im Jahr 1678 in Hamburg eine Spielstätte auf rein kommerzieller Basis, deren Besuch gegen Zahlung eines Eintrittsgeldes jedermann offensteht: die Oper am Gänsemarkt. Die Bauherren und Mitglieder des Direktoriums sind wohlhabende Bürger; mit dem Organisten Johann Adam Reinken ist auch ein Musiker dabei. Aufstrebende Komponisten wie Johann Theile, mit dessen Oper »Der erschaffene, gefallene und auffgerichtete Mensch« das Haus am Gänsemarkt eingeweiht wird, sind begierig, der neuen Gattung ihren Stempel aufzudrücken. Als Hobby-Librettisten betätigen sich kunstsinnige Männer wie die Juristen Christian Hinrich Postel und Barthold Feind oder der hauptamtliche Bürgermeister Lucas von Bostel. Die Bühnentechnik ist in Norddeutschland bereits auf einem hohen Stand, so daß die Maschineneffekte und Verwandlungsmöglichkeiten in Hamburg denen der Hoftheater in nichts nachstehen. Von 1695 bis 1702 liegt das Ausstattungswesen in Händen des gebürtigen Hamburgers Johann Oswald Harms, der nach langer

Ausbildung in Italien viele Jahre für die Opernhäuser in Dresden und Braunschweig gearbeitet hat. Harms, einer der führenden Bühnenmaler seiner Zeit, liefert auch die Dekorationen zu Keisers Oper »Störtebeker« (1701). Sie gehört zu den vielen verlorengegangenen Werken eines ehemals mehr als 250 Opern umfassenden Repertoires. (Ein beträchtlicher Teil der Verluste geht auf den Zweiten Weltkrieg zurück.)

Wenn man an den jungen Georg Friedrich Händel und den älteren Georg Philipp Telemann denkt, die beide für die Hamburger Bühne arbeiteten, dann ist Reinhard Keiser nicht der prominenteste, wohl aber der produktivste Lieferant der Gänsemarkt-Oper, deren Geschicke er zwischen 1703 und 1707 auch als Pächter lenkt. Insgesamt sind es mehr als 80 Opern, die Keiser in 30 Jahren für Hamburg komponiert. Titel wie »Basilius«, »Störtebeker« und »Croesus« (1711, Neufassung 1730) deuten an, daß die Sujets – ganz anders als in Frankreich – in keiner Weise festgelegt sind, was vielleicht erklärt, warum sie einer besonders kritischen Beobachtung durch Rat und Geistlichkeit unterliegen. Wegen angeblicher

Seesturm auf der Bühne, von Johann Oswald Harms vermutlich für die 1696 in Hamburg gespielte deutsche Fassung von Steffanis »Enrico Leone« (»Heinrich der Löwe«) realisiert

Die Helden der Barockoper tragen Federbusch und Schleppe, dazu ein halblanges, am antiken Panzerhemd orientiertes Kostüm, das meist wie ein Reifrock gearbeitet ist (*tonnelet*).

Sittenlosigkeit wird in den Anfangsjahren mehrfach die Schließung des Opernhauses verfügt; 1688 soll ein Gutachten der Jenaer Universität grundsätzlich klären, ob es »sündhafft« sei, »solche Sing-Spiel zu praesentieren oder dieselbe zu hören und zu schauen«. Noch einmal kommt es zum Verbot bei der Keiser-Oper »Die Hamburger Schlachtzeit« (1725), einer Lokalposse, die im Urteil eines Zeitgenossen »Szene, Musik, ja den Staat selbst verunehrte«.

In ihrer bunten Vielfalt komischer Nebenhandlungen und -figuren und der Vermischung deutscher und plattdeutscher mit italienischen und französischen Gesangsnummern setzt die Hamburger Oper eine Entwicklung fort, die in Italien bereits überwunden ist, und zwar durch Textdichter wie Apostolo Zeno und Pietro Metastasio, die den vergleichbaren Wildwuchs der venezianischen Oper radikal beschneiden. Das Ergebnis ihrer Reformbestrebungen ist die Ausschaltung komischer Elemente, wodurch die Zahl der Akteure reduziert und der Handlungsfaden gestrafft wird, jedoch um den Preis der Schematisierung, die zum Hauptmerkmal der italienischen Oper im 18. Jahrhundert wird.

Der
erschaffene/
gefallene
und
auffgerichtete
Mensch.
In einem
Singe-Spiel
vorgestellet.

Hamburgs erste Oper, komponiert von Johann Theile

Inhalt und Vor-Bericht.

CRœsus/ ein so hochmüthiger/ als reicher König in Lidien/ dem Griechischen Philosopho Solon/ dem er seine Schätze zeigete/ und seine Glückseligkeit rühmete/ nicht glauben wollend/ daß vor dem Tode kein Mensch sich glücklich nennen möge/ muste nachmahls die Wahrheit selbigen Ausspruchs in der That erfahren/ und mit seinem eigenen Beyspiel erweisen/ daß/ wer am höchsten sitzet/ am tieffesten fallen könne. Er hatte die von denen Assyriern/ wider ihren Landes-Herrn Cirus/ erregte Rebellion/ nicht allein heimlich befördert/ sondern auch öffentlich mit seinen Krieges-Schaaren gestärcket/ und den dadurch beleidigten Persischen Monarchen so sehr erzürnet/ daß derselbe/ sich zu rächen/ mit einem Krieges-Heer ihn überzog/ die Liedier in der ersten Feld-Schlacht aufs Haupt erlegte/ und den König selbst gefangen nahm/ nachdem dessen vorhin stummer Sohn Atis, durch Krafft des natürlichen Triebes und kindlicher Liebe/ in der/ dem Herrn Vater obschwebenden höchsten Lebens Gefahr/ die Bande der Zungen zerrissen/ mit denen Worten: **Halt! erschlag den König nicht**/ eines feindlichen Soldaten mördlichen Hieb gehemmet/ und ihn dadurch dem augenscheinlichen Tode entrissen hatte.

Der Siegreiche Perser war mit dieser Rache nicht vergnüget/ verdammete den gefangenen König zum Feuer/ und konte durch den Himmel selbst/ der mit starckem Platz-Regen/ als mittleidigen Thränen/ die Flammen dämpffete/ nicht besänfftiget werden; Wie aber zuletzt der Hülff- und Hoffnung-lose Crœsus in der Gluth der von ihm vormahls verspotteten des Welt-Weisen Lehre eingedenck/ in die Worte: O Solon, Solon! mit lautem Geschrey ausbrach/ und Cirus sich deren Bedeutung erklären liesse/ schlug er in sich/ betrachtete die Macht der Schickung/ die Unbeständigkeit des irdischen Glückes/ und die auch ihm dahero besorgende Gefahr; Befahl demnach, Crœsus vom Scheiter-Hauffen abzuführen/ setzte ihn wieder in sein Reich/ und vorige Hoheit/ und verwandelte seinen Haß in eine beständige Freundschafft und nahe Verbündnisse.

Die Music zu dieser Opera, ist von des Herrn Capellmeister Keisers Composition.

Oper kurzgefaßt: zeitgenössischer ›Vorbericht‹ zu Reinhard Keisers »Croesus«

Celimene (Isabelle Poulenard) zwischen ihren Liebhabern, dem Dichter Trigeno (Dominique Visse) und dem prahlerischen Filindo (Ralf Popken), in Caldaras Oper »I Disingannati«, inszeniert von Philippe Lénaël in Innsbruck 1993 (musikalische Leitung Sigiswald Kuijken). Der Venezianer Antonio Caldara ist Vizekapellmeister neben Johann Joseph Fux in Wien und ein vom Kaiser hochgeschätzter Komponist geistlicher Oratorien.

1701–1714
Spanischer Erbfolgekrieg
1723
Johann Sebastian Bach Thomaskantor in Leipzig
1735
William Hogarth malt »The Rake's Progress« (›Aus dem Leben eines Wüstlings‹)
1740
Friedrich II. wird König von Preußen.
1740–1748
Österreichischer Erbfolgekrieg
1751–1780
Denis Diderot und Jean Le Rond d'Alembert geben die »Encyclopédie« heraus, das Standardwerk der Aufklärung.
1762
Katharina die Große wird russische Kaiserin

Oper zwischen Absolutismus und Revolution – Von Reform zu Reform

Das sogenannte Generalbaßzeitalter, das mit dem Stilwandel um 1600 und der Herausbildung der Monodie begann, neigt sich im 18. Jahrhundert langsam dem Ende zu. Die Gewohnheit, Akkordfolgen lediglich durch Angabe der Baßnoten und einige Ziffern anzuzeigen, verliert sich in den Opernpartituren, während der auskomponierte Orchestersatz stetig an Bedeutung gewinnt. Die Gründe dafür sind sowohl im Vorbild der Tragédie lyrique mit ihren traditionell großen Anteilen vollstimmiger Instrumentalmusik zu sehen als auch in der Tendenz der italienischen Oper, sich vom *dramma musicale* in eine Art Arienkonzert zu verwandeln. Das zunehmend Klischeehafte der Figuren und die Reduzierung des dramatischen Geschehens auf ein mehr oder weniger starres Handlungsschema verlangt geradezu nach einer Bereicherung der Orchestersprache. Nicht allein die Gesangsmelodie mit ihren ausdrucksvollen Verzierungen, auch die beteiligten Orchesterstimmen werden zu Mittlern des Affekts, wie sie es ansatzweise schon einmal bei Monteverdi waren. Anders jedoch als im Orchester des frühen 17. Jahrhunderts, das sich um eine große Gruppe von Generalbaßinstrumenten scharte, bildet im beginnenden 18. Jahrhundert bereits die Familie der Streicher den eigentlichen Kern des Orchesters, während Generalbaßinstrumente, allen voran die Baßlauten, bis zur Jahrhundertmitte fast vollständig verschwinden; nur das Cembalo bleibt als Direktionsinstrument und zur Begleitung der Rezitative, soweit sie nicht schon zum Accompagnato ausinstrumentiert sind, unentbehrlich.

1765
Joseph II. wird Mitregent Maria Theresias (seit 1780 Alleinherrscher)
1773
Boston Tea Party
1789
Sturm auf die Bastille und Ausbruch der Französischen Revolution
1792
Ludwig van Beethoven nimmt Unterricht bei Joseph Haydn in Wien (»Mozarts Geist aus Haydens Händen«)
1794
Verurteilung und Hinrichtung von Georges Danton und André Chénier
1799
Ernennung Napoleons zum Ersten Konsul der Republik

Pietro Metastasio (eigentlich P. Trapassi) wird 1730 als Nachfolger Apostolo Zenos zum kaiserlichen Hofpoeten in Wien ernannt.

Metastasio und die Opera seria

Eingangs des 18. Jahrhunderts stellt sich die italienische Oper, verallgemeinernd ausgedrückt, als ein noch sehr verworrenes, mit komischen Elementen überfrachtetes Intrigendrama dar, dessen beständiges Schwanken zwischen Pathos und Klamauk dem Versuch gleichkommt, alle Wünsche des Publikums auf einmal zu befriedigen. Verständlicherweise geht der Anstoß zu einer Reform auch nicht

Johann Adolf Hasse, Kapellmeister in Venedig, Neapel und Dresden, vertont nahezu alle Libretti Metastasios.

vom Publikum aus, obwohl es Grund hätte, die mangelnde Glaubwürdigkeit der Opernhandlungen zu beklagen, sondern von der Literaturkritik, die sich gegen den Niveauverfall der Libretti richtet. Der literarisch hochgebildete Venezianer Apostolo Zeno – im Jahr 1718 wird er als Geschichtsschreiber und Hofdichter nach Wien gerufen – bemüht sich um eine Aufwertung der Librettistik, indem er sich in seinen Textbüchern am klassischen französischen Drama orientiert und alles Komische und Nebensächliche zurückdrängt. Der Römer Pietro Metastasio, sein Nachfolger im Amt des kaiserlichen Hofpoeten (*poeta cesareo*), geht noch darüber hinaus. Dank seiner überragenden dichterischen Begabung kann sich das von komischen Nebenhandlungen, Göttergestalten und Allegorien restlos befreite Libretto nicht nur behaupten, es wird zur Basis des Erfolgs für die sich etablierende Opera seria, die bis zum Ende des Jahrhunderts das europäische Musikleben beherrscht.

Daß Metastasios *drammi per musica* auch ohne Musik durchaus bühnenwirksam sind, verdanken sie dem federnden Rhythmus ihrer Verse und dem Raffinement, mit dem der Autor seine Figuren in eine ausweglos scheinende Krise oder Intrige hineinmanövriert, um sie durch eine unverhofft, aber dramaturgisch glaubhaft herbeigeführte Wendung im glücklichen Ende (*lieto fine*) wieder zu vereinen. Auch wenn die Grundkonstellation der sechs bis höchstens acht Personen unverändert bleibt, haben sie einen Läuterungsprozeß durchlaufen, der ihre Liebe und ihre Tugenden um so heller erstrahlen läßt. – Es mag sein, daß sich die Qualitäten metastasianischer Libretti, die von antiken

Herrschern und hochgestellten Paaren, von Edelmut und Liebe handeln, dem heutigen Hörer nur noch im musikalischen Zusammenhang erschließen, doch liegt auch das an der Poesie der Texte, die etliche Komponisten zu ihren besten Leistungen inspirierte. Besondere Bedeutung kommt dabei dem Gleichnis zu, einem sprachlichen Gestaltungsmittel, das Metastasio gern verwendet und ebenso gern als Anregung für klangmalerische Effekte aufgegriffen wird (Gleichnis-Arie).

In formaler Hinsicht folgt das Libretto Metastasios und seiner Nachahmer dem schon für Zeno weitgehend verbindlichen Szenenaufbau von Rezitativ und Arie, wobei letztere regelmäßig als Abgangs-Arie fungiert. Duette und Ensembles haben in diesem Schema, wenn sie überhaupt vorkommen, eine untergeordnete Bedeutung; ein Chor ist meist nur am Schluß vorgesehen. Die Arien reihen sich zu einer Kette von ›Musiknummern‹, die durch den wechselnden Affekt (Liebe, Verzweiflung, Wut etc.) kontrastieren, doch auch innerhalb der in der Regel zweistrophigen Arien ergeben sich durch Stimmungswechsel zwischen A- und B-Teil die in der Kunst des Barocks so überaus beliebten Hell-Dunkel-Kontraste (*chiaroscuro*).

Die gängigsten Typen der jetzt überwiegend fünfteiligen, durch kurze Ritornelle gegliederten Da-capo-Arie (aa'-b-aa') sind die *aria di bravura* mit reichen Koloraturen, die *aria cantabile* mit melodiöser Linienführung und sparsamer Begleitung, die leidenschaftlichere *aria di mezzo carattere* mit bewegter Orchesterbegleitung, die *aria concertata* mit konzertierenden Instrumenten und die zumeist heftigen Gefühlsausbrüchen

Faustina Bordoni, eine der gefeiertsten Primadonnen ihrer Zeit, wird 1730 die Gemahlin Johann Adolf Hasses. Durch ihr gemeinsames Wirken entwickelt sich Dresden zu einer Hochburg der italienischen Oper.

vorbehaltene *aria parlante*. Einen Sonderfall stellt die einem Sekundarier (*seconda donna/ secondo uomo*) anvertraute *aria di sorbetto* dar, die vom Publikum gern genutzt wird, um eine Erfrischungspause einzulegen. Kennzeichnend für den Sängerkult des 18. Jahrhunderts ist die sogenannte Koffer-Arie (*aria di baule*), die gar nicht zur Opernhandlung gehört, aber bei passender Gelegenheit eingeschoben wird: eine Zugnummer, die dem jeweiligen Star Gelegenheit gibt, sich von seiner besten Seite zu präsentieren.

Die stets wiederkehrenden Grundtypen und Affekte machen die Arien austauschbar, so daß sie auch mehrfach Verwendung finden können. Auf die Spitze getrieben wird diese Praxis im *pasticcio*, das – oft nur aus Geld- oder Zeitmangel – Musiknummern verschiedener Herkunft zu einer ›neuen‹ Oper vereinigt. In der Wiederholung liegt sogar ein gewisser Reiz, da die jeweilige Ausführung dem Geschmack und der Verzierungskunst des Interpreten großen Spielraum läßt: Der ›Schöngesang‹ (*belcanto*) wird zur artistischen Herausforderung, die den Sängern immer neue Höchstleistungen – extreme Spitzentöne, halsbrecherische Sprünge und Läufe, geschmeidige Triller – abverlangt.

Antonio Vivaldi, den die Zeitgenossen seiner Haare und seines geistlichen Standes wegen »den roten Priester« (*prete rosso*) nennen, ist als Geiger und Schöpfer Hunderter Instrumentalkonzerte berühmt; sein Opernschaffen umfaßt ca. 50 Werke (Zeichnung von Pierleone Ghezzi, Rom 1723).

Schon die von Domenico Sarro vertonte »Didone abbandonata« (Neapel 1724), Metastasios erstes Libretto, erringt einen spektakulären Erfolg, wird aber des tragischen Ausgangs wegen auch heftig kritisiert; seine weiteren Operndichtungen weisen nahezu ausnahmslos ein glückliches Ende auf. Insgesamt sind es 27 Opern, 20 davon datieren aus der Zeit nach seiner Berufung an den Wiener Hof im Jahr 1730. Die Zahl ihrer Vertonungen liegt,

grob geschätzt, bei mehr als 1000 und macht Metastasio zum wohl meistvertonten Librettisten überhaupt. »L'Olimpiade«, 1733 auf dem Höhepunkt seiner Meisterschaft entstanden, wird rund 40 Mal in Musik gesetzt, und zwar nacheinander von Antonio Caldara (1733), Antonio Vivaldi (1734), Giovanni Battista Pergolesi (1735) und Leonardo Leo (1737) sowie noch Jahrzehnte später von Komponisten wie Johann Adolf Hasse (1756) und Domenico Cimarosa (1784). Diese Popularität beweist, daß seine Dramen in ihrer durch und durch aristokratischen Haltung nicht nur in Adelskreisen als vollkommener Ausdruck ihrer Zeit empfunden wurden.

Der Mozart-Zeitgenosse Domenico Cimarosa geht 1787 als Kapellmeister der Zarin nach St. Petersburg. Im Jahr 1792 entsteht »Die heimliche Ehe« (»Il matrimonio segreto«, Text von Giovanni Bertati), ein Auftragswerk des österreichischen Kaisers, der die Oper noch am Abend des Uraufführungstages wiederholen läßt; wenig später wird sie an zahllosen Bühnen nachgespielt.

Giovanni Battista Pergolesi erhält als 21jähriger seinen ersten Opernauftrag (*scrittura*): »Salustia« (Neapel 1732, Libretto nach Apostolo Zeno). Die 1733 entstandene »Serva padrona«, von reisenden Operntruppen in ganz Europa verbreitet, wird zu einem der beliebtesten Werke des 18. Jahrhunderts. Die Karikatur von Pierleone Ghezzi zeigt Pergolesis verkürztes Bein.

Am preußischen Hof betreibt Friedrich II., der kein Freund von Da-capo-Arien ist, eine höchst eigene Opernreform, die sich in einem selbstverfaßten Libretto niederschlägt: »Montezuma« (1755, Übertragung ins Italienische von Giampetro Tagliazucchi). Nicht ganz frei von Heuchelei, wenn man an die von Preußen ausgehenden Eroberungskriege in Europa denkt, stellt das im Licht der Aufklärung geschriebene Werk die christlichen Conquistadoren unter Cortez als eine den Azteken moralisch weit unterlegene Barbarenhorde dar. Carl Heinrich Graun, der den exotischen Stoff vertont, schreibt nur zwei Arien im herkömmlichen Stil, dagegen ein Vielzahl zweiteiliger Kavatinen, mal mit, mal ohne Orchestervorspiel, was zur Lockerung des Szenenaufbaus beiträgt; Höhepunkt ist die abschließende Ballettszene, die vor der Kulisse der brennenden Stadt spanische Greueltaten gegen die Bevölkerung schildert. Als eine der wenigen Seria-Opern mit tragischem Ende reiht sich »Montezuma« in die von Metastasios »Didone abbandonata« ausgehende »schwarze Serie des aufgeklärten Opernkinos« ein (Karl Böhmer). Gasparo Spontini gibt der Eroberung von Mexiko in »Fernand Cortez« (Paris 1809, Text von Joseph Alphonse Esménard und Victor Joseph Etienne de Jouy) eine positive Wendung durch die Heirat Cortez' mit einer Mexikanerin. In Wolfgang Rihms »Die Eroberung von Mexiko« (Hamburg 1991, Text nach Antonin Artaud) wird die Begegnung der Kulturen zum Geschlechterkampf: Montezuma, als Frau gedeutet, vertritt die ›weibliche‹ Welt gegen die ›männliche‹ der spanischen Eroberer.

Intermezzo und Opera buffa

Die von Zeno und Metastasio erfolgreich betriebene Entrümpelung des Librettos bedeutet nicht das Aus für komische Stoffe und Gestalten auf der Opernbühne, sie fördert nur das Entstehen des neuen Genres der Opera buffa, die sich ebenso rasch wie die Seria von Italien aus in ganz Europa verbreitet. Der Punkt, an dem sich die italienische Oper des 18. Jahrhunderts in ein ernstes und ein heiteres Genre verzweigt, läßt sich nicht genau bestimmen. Mit ausschlaggebend ist jedoch die Praxis, bei Opern ernsten Inhalts eine *scena buffa* oder ein *intermezzo* am Aktschluß einzuschieben. So hält man es in Venedig und auch in Neapel, wo 1733 mit Pergolesis zweiteiliger »La serva padrona« das berühmteste aller Intermezzi entsteht (Text von Gennaro Antonio Federico). Ursprünglich nach dem ersten und zweiten Akt von Pergolesis »Il prigioniero superbo« vorgesehen, wird es bald auch anderwärts aufgeführt (u. a. als Einlage zu Hasses »Demetrio« in Dresden 1740). Eine neapolitanische Spezialität sind auch die Komödien mit Musik (*cummedeja pe'mmuseca*), deren Exportfähigkeit jedoch durch den Dialekt eingeschränkt ist. Eine Voraussetzung für den Erfolg der Opera buffa liegt auch in der Beliebtheit der volkstümlichen Commedia dell'arte, die freilich längst hoffähig geworden ist und Einzug in die Theater gehalten hat; in Paris z. B. bespielt die *Comédie Italienne*, mit Unterbrechungen, seit 1680 ein eigenes Haus (*Théâtre Italien*). Ganz entscheidend zur Verbreitung der Buffa tragen reisende Opernensembles und Impresari bei, etwa Giovanni Battista Locatelli, der mit seiner Truppe u. a. in Prag und St. Petersburg gastiert,

Niccolò Jommelli reüssiert als Hofkapellmeister in Stuttgart mit dem stark französisch beeinflußten ›Fetonte‹ (Erstfassung 1753, Zweitfassung 1768, Text von Mattia Verazi). Es ist eine Opera seria mit ›Programm-Musiken‹, Chören, Balletten, affektbetonten Accompagnati und Ensembles, die zu komplexen Szenen verklammert sind, am eindrucksvollsten im Schlußtableau, das Techniken des Buffa-Finales auf den großen Apparat der Hofoper überträgt.

Der auf der Opernbühne erfolgreichste Dramatiker seiner Zeit ist der Venezianer Carlo Goldoni. Er verfaßt insgesamt 69 Buffo-Libretti, die allerdings auch in Goldonis eigener Einschätzung nicht an seine zeitlosen Komödien wie »Mirandolina« oder »Der Diener zweier Herrn« heranreichen. Die meistgespielte seiner vielfach vertonten Operndichtungen ist »La buona figliuola« (1756): Die tugendhafte Cecchina liebt einen Mann von Stand, den sie jedoch erst heiraten kann, als sich herausstellt, daß sie selbst adliger Herkunft ist.

oder die Venezianer Angelo und Pietro Mingotti, deren Reiseaktivitäten sich bis nach Hamburg und Kopenhagen erstrecken.

Es ist das theaterhistorische Verdienst Carlo Goldonis, daß er den Figuren der Commedia dell'arte die Halbmasken abgenommen und ihnen so zu größerer Lebensnähe verholfen hat (»Seele unter der Maske ist wie Feuer unter der Asche«). Zum Vorschein kommen Gestalten, denen noch immer sehr viel Typenhaftes eignet, doch genau das prädestiniert sie dazu, das Erbe der launigen Dienerfiguren der älteren italienischen Oper anzutreten. Auch wenn es kaum Buffo-Opern gibt, die tatsächlich auf Commedia-dell'arte-Typen wie etwa den venezianischen Pantalone zurückgreifen, ist doch das Vorbild unverkennbar und auch im 19. Jahrhundert noch in Figuren wie »Don Pasquale« gegenwärtig.

Zum Stammpersonal der Buffo-Oper gehören die jungen Liebenden, ein höhergestelltes Paar zumeist, wie aus der Seria-Oper entsprungen und musikalisch – oft in parodistischer Absicht – auch mit den Mitteln der Seria dargestellt. Ihm gegenüber stehen Angehörige des einfachen Volkes, deren Rollen zwischen derbkomisch und liebenswert-kokett, niemals aber heroisch angelegt sind. Gewitzte Mägde und Diener, die heimlichen Helden von ehedem, avancieren zu echten Protagonisten. Im Spannungsverhältnis solcher *parti buffe* und *parti serie* liegt schon ein beträchtlicher Unterhaltungswert; er wird noch gesteigert durch den Abwechslungsreichtum der Duette und Ensembles, die sich zur eigentlichen Domäne der Buffo-Oper entwickeln. Höhepunkte sind die Zwischenfinali und Finali, deren musikalische

Dramaturgie die starre Nummern-Abfolge durchbricht. Geschickt ausgestaltet zu komplexen Ensembleszenen, in denen sich mit den Handlungsfäden auch das Tempo der Musik verdichtet, werden solche Aktschlüsse von Komponisten wie Baldassare Galuppi (Kettenfinale) und Nicola Piccinni (Rondofinale).

Ebenso wie das durchkomponierte Finale ist auch die Bevorzugung ›realistischer‹ Stimmfächer ein typisches Merkmal der Opera buffa. Allein die Liebhaber, soweit sie höheren Standes sind, kommen noch gelegentlich wie ein *primo uomo* der Opera seria in Alt- oder Sopranlage daher, im übrigen wird der Tenor und zunehmend auch der Baß für Männerrollen selbstverständlich.

Gestalten der Commedia dell'arte als Meißner Porzellanfiguren

Neben einheimischen Komponisten wie Leonardo Leo und Leonardo Vinci behauptet sich der aus Bergedorf bei Hamburg gebürtige Johann Adolf Hasse in Neapel als Komponist von Intermezzi, deren Erfolg ihm den Weg zum gefeierten Seria-Komponisten ebnet. Hasse, ein Schüler von Porpora und Scarlatti, ist seit Anfang der 1730er Jahre für den Dresdner Hof tätig. Mit Georg Friedrich Händel, der mit wechselndem Glück Opernunternehmungen in London leitet, gehört er zu den bedeutendsten Vertretern der italienischen Oper außerhalb Italiens. Seine Vertonungen nahezu aller metastasianischen Libretti gelten als Muster ihrer Gattung.

Georg Friedrich Händel lebt seit 1712 in London, wo er in einem Zeitraum von knapp 30 Jahren 35 italienische Opern komponiert.

Als 19jähriger Cembalist und Geiger kommt Georg Friedrich Händel aus seiner Heimatstadt Halle (Saale) an die Hamburger Gänsemarkt-Oper, wo bereits nach kurzer Zeit seine erste eigene Oper über die Bühne geht (»Almira« 1705). Dem damaligen Zeitgeschmack entsprechend, enthält sie insgesamt 15 italienische Arien, deren Texte der Bearbeiter Friedrich Christian Feustking unverändert aus der venezianischen Libretto-Vorlage von Giulio Pancieri übernimmt.

Nach einem mehrjährigen Italienaufenthalt, der ihn mit Scarlatti und Steffani zusammenbringt und zu zwei Opern in Florenz (»Rodrigo« 1707) und Venedig (»Agrippina« 1709) führt, geht Händel 1710 auf Empfehlung Steffanis zunächst als Kapellmeister nach Hannover, um noch im gleichen Jahr seine erste Englandreise anzutreten. Am 24. Februar 1711 wird sein »Rinaldo« im Londoner Queens Theatre am Haymarket mit spektakulärem Erfolg uraufgeführt. 1712 läßt sich Händel endgültig in London nieder und schreibt dort in einem Zeitraum von knapp 30 Jahren weitere 35 Opern. Als Hauskomponist und späterhin auch Mitgesellschafter einer Opernunternehmung verpflichtet er Primadonnen wie Margherita Durastanti (»Radamisto« 1720), Francesca Cuzzoni (»Rodelinda« 1725) und Faustina Bordoni, die nachmalige Gattin Johann Adolf Hasses. Sie und die Cuzzoni liefern sich auf der Bühne regelrechte Gesangsduelle, die unter dem Gejohle des Publikums sogar in Handgreiflichkeiten ausarten. Mit dem Alt-Kastraten Francesco Bernardi, genannt Senesino (»Giulio Cesare« 1724, »Orlando« 1733), hat Händel einen wahren Superstar unter Vertrag, den er jedoch 1733 an das von Nicola Porpora geleitete Konkurrenzunternehmen der Opera of the Nobility verliert, wo auch der große Farinelli singt. Beide Opernunternehmen machen 1737 Bankrott. Händels Versuche eines Neuanfangs scheitern, seine letzten Opern »Imeneo« (1740) und »Deidamia« (1741) fallen durch, doch es gelingt ihm, als Oratorienkomponist an frühere Erfolge anzuknüpfen (»Messiah« 1742, »Judas Maccabaeus« 1747).

Die Musik- und Formensprache seiner Opern ist italienisch, es findet sich aber auch manches Französische darin. Die Ouvertüren stehen Lully näher als Scarlatti, unverkennbar französische Einflüsse begegnen auch in einem Werk wie dem 1735 uraufgeführten »Ariodante« mit seinen zahlreichen Duetten, Chören und Balletten, wohingegen die Moresca am Ende des zweiten Akts ein Stück englischer Masque-Tradition bewahrt. Auch deutsche Elemente sind nachweisbar, und zwar in manchen melodischen Anleihen bei Reinhard Keiser, aber auch darin, daß Händel den in bester Kantorentradition geschulten Kontrapunktiker nicht verleugnen kann – zum Vorteil des Orchestersatzes, der sehr viel stärker durchgearbeitet ist als bei den italienischen Zeitgenossen.

Textlich bieten Händels Opern einen Querschnitt durch die italienische Librettistik des 17. und frühen 18. Jahrhunderts, dreien liegen Metastasio-Dichtungen zugrunde (»Siroe« 1728, »Poro« 1731 und »Ezio« 1732), einer ein Libretto von Zeno (»Faramondo« 1737). Händels Lieblingsdichter ist jedoch Nicolo Francesco Haym, kein Großer seines Fachs,

Georg Friedrich Händel

Zum Gedächtnis seines Todestages vor 200 Jahren veranstaltete der Westdeutsche Rundfunk am 15. Mai 1959 eine konzertante Aufführung der

Alcina

Oper in drei Akten

Die Cappella Coloniensis — Leitung Ferdinand Leitner

Deutsche Zwischentexte von Günter Haußwald und Eigel Kruttge

Alcina	Joan Sutherland, Sopran
Ruggiero	Fritz Wunderlich, Tenor
Morgana, Alcinas Schwester	Jeannette van Dijck, Sopran
Bradamante, Braut des Ruggiero	Norma Procter, Alt
Oronte, Feldherr der Alcina	Nicola Monti, Tenor
Melisso, Gefolgsmann Bradamantes	Thomas Hemsley, Baß
Sprecher	Paul Hoffmann

Der Kölner Rundfunkchor — Chordirektor Bernhard Zimmermann

Im Jahr 1959 wird für eine Aufnahme des Westdeutschen Rundfunks Händels »Alcina« erstmals wieder mit Barockinstrumenten aufgeführt – ein Meilenstein in der Geschichte der sogenannten historischen Aufführungspraxis ähnlich wie die von August Wenzinger geleitete Produktion des Monteverdischen »Orfeo« vier Jahre zuvor bei den 10. Sommerlichen Musiktagen in Hitzacker.

Barockisierende »Ariodante«-Inszenierung bei den Göttinger Händelfestspielen 1995 (Ballettfinale des zweiten Akts mit der New York Baroque Dance Company). Göttingen, wo im Juni 1920 unter der Leitung des Kunsthistorikers Oskar Hagen die erste szenische Aufführung einer Händel-Oper seit 1755 stattfand, ist Ausgangspunkt der Renaissance Händelscher Opern im 20. Jahrhundert.

aber er hat den Vorzug, in London ansässig zu sein. Von vielen Opern ist nicht bekannt, wer die Texte verfaßt bzw. unter Verwendung italienischer Vorlagen eingerichtet hat. Bei »Tolomeo« (1728) ist es Haym, der ein bereits von Domenico Scarlatti benutztes Buch für Händels Zwecke bearbeitet und dabei recht drastische Kürzungen vornimmt.

»Tolomeo« ist ein Rettungsversuch, denn Händels erste Londoner Opernunternehmung, die Royal Academy, steht vor dem Bankrott. Senesino in der Titelrolle und die rivalisierenden Primadonnen Cuzzoni und Bordoni sollen das Publikum zurückgewinnen, das sich plötzlich weniger für das Original als für die Parodie zu interessieren scheint: »The Beggar's Opera«. Diese *ballad opera*, eine Persiflage auf die italienische Oper mit satirischen Texten von John Gay und der Musik von Johann Christoph Pepusch (unter Einbeziehung zahlreicher schottischer Volksweisen und eines Marsches aus »Rinaldo«) wird zum größten Bühnenerfolg der englischen Theatergeschichte, dieweil »Tolomeo« das Ende der ersten Royal Academy besiegelt.

Schon im darauffolgenden Jahr (1729) nimmt Händel einen neuen Anlauf, und es gelingt ihm, das Interesse der Londoner an der Opera seria noch eine Weile wachzuhalten. Aber auch die Spötter ruhen nicht: Parodien wie John Frederick Lampes »The Dragon of Wantley« – das Vorbild ist »Giustino« (1737) – feiern Triumphe, und vielleicht sind sie der Grund dafür, daß Händel selbst in seinen letzten Opern auf Distanz zur Opera seria geht.

Fritz Wunderlich übernimmt in der WDR-Produktion von 1959 die in Tenorlage transponierte Partie des Ruggiero, ursprünglich eine Sopranrolle, die bei der Uraufführung im Jahr 1735 der berühmte Kastrat Giovanni Carestini sang.

Beginn der Xerxes-Arie »Ombra mai fu«, bei der Uraufführung am 15. April 1738 gesungen von dem Kastraten Gaetano Caffarelli (Abbildung nach der im gleichen Jahr in London erschienenen Druckausgabe)

Im 1738 komponierten »Serse« (Text nach einem älteren venezianischen Libretto von Niccolò Minato) sorgt der Diener Elviro für eine ironische Brechung, aber auch die Eingangsszene, die Xerxes beim Verschnaufen im Schatten einer Platane zeigt, bedeutet den Bruch mit einer Gattungskonvention: Der Schatten, sonst ein Symbol des Todes oder Anlaß für eine Geisterbeschwörung (Ombra-Szene), ist hier nichts weiter als eine erbauliche, eigentlich ganz profane Situation, die im schwachen königlichen Helden Lust auf ein neues amouröses Abenteuer weckt. – Kaum ein Musikstück ist von der Nachwelt so mißverstanden worden wie diese Arie im Larghetto-Tempo, die als »Händels Largo« bis heute Auslöser manch sentimentaler, gar pseudoreligiöser Wallung ist.

Jean-Philippe Rameau ist nicht nur als Komponist, sondern auch als Musiktheoretiker eine zentrale Gestalt im Musikleben seiner Zeit.

Rameau und der Streit der Buffonisten

In Frankreich entwickelt Jean-Philippe Rameau, der erst als Mittvierziger zur Oper findet, die von Lully begründete Tragédie lyrique auf sehr eigenständige Weise weiter, obwohl er die äußere Form unangetastet läßt. Schon »Hippolyte et Aricie« (1733, Text von Abbé Pelegrin) fordert den Protest der Traditionalisten heraus, die das klassische Ebenmaß der Urform durch eine allzu bewegte, arienhafte Deklamation und ein Übergewicht des Instrumentalen beeinträchtigt sehen. Und sie haben nicht ganz unrecht, denn Rameau erweitert die Ausdruckspalette des Orchesters durch Hinzunahme von Bläsern, er ist ein Meister der Instrumentation und effekt-

»Die Dekorationen, die Bühnenmaschinerie, die Beleuchtung und die Kostüme ... all dies übertraf mit seinem Geschmack, seiner Großartigkeit und seiner Pracht auch das Schönste, was in diesem Gebäude seit seiner Einweihung zu sehen gewesen war. Die Bauten des 5. Akts stellten einen herrlichen Tempel dar, dessen kannelierte Säulen mit Karfunkeln und Rubinen übersät waren, die wie hellstes und lebendigstes Feuer strahlten. Die Säulen standen auf Sockeln und trugen Kapitelle, beides aus dem gleichen wertvollen Metall, und sie stützten mit Mosaiken geschmückte Gewölbe, deren grüner Grund durch goldene und silberne Felder hervorgehoben wurde ... Eine Kuppel, deren Ausmaß und Höhe unermeßlich schien, bildete das Heiligtum, das vom übrigen Gebäude durch eine goldene Brüstung getrennt war. Im Mittelpunkt des Heiligtums sah man das heilige Feuer auf einem herrlichen Altar lodern. Auf den beiden Seiten des Tempels schließlich befanden sich wunderschöne, mit Lorbeergirlanden, Myrthen und Blumen geschmückte Galerien. In diesem prächtigen Tempel fand die Krönungs- und Hochzeitsfeier von Zoroastre statt.«

Abbé Joseph de Laporte über die Uraufführung von »Zoroastre« in der Pariser Académie de Musique am 5. Dezember 1749 (aus: »Anecdotes dramatiques...«, 1775)

vollen Klangmalerei, der das Drama konsequent aus der Sicht des Musikdramatikers interpretiert.

In »Zoroastre« (1749, Text von Louis de Cahusac), der vierten von fünf erhaltenen Tragédies lyriques, verzichtet er erstmals auf den Prolog und wertet so die Ouvertüre zu einem programmatischen Einstieg ins Operngeschehen auf. Diese Ouvertüre, merkt Rameau im zugehörigen Libretto an, gebe im ersten Teil eine starke, pathetische Darstellung von barbarischer Gewaltausübung und den Klagerufen der Völker im Reich von Zoroasters Widersacher Abramane.

Rameaus fortschrittlicher Musiksprache zum Trotz wird die Tragédie lyrique, das Prunkstück höfischer Kultur in Frankreich, um die Jahrhundertmitte von einem großen Teil des Publikums als nicht mehr zeitgemäß empfunden. Seine einstigen Gegner heben ihn nun als Traditionsbewahrer auf den Schild in ihrem Kampf gegen das Vordringen der italienischen Buffo-Oper.

Zum Anlaß des Streits, der die Musiknation zu spalten droht, wird das erstmals 1746 in Paris aufgeführte Intermezzo »La serva padrona«. Nach dem Vorbild dieses Erfolgsstücks von Pergolesi, das 1752 erneut von einer italienischen Operntruppe in Paris gespielt wird und ungeheuren Beifall findet, verfaßt Jean-

Der Altist Pierre Jelyotte singt die Partie des Zauberers »Zoroastre« in der gleichnamigen Oper von Jean-Philippe Rameau. Jelyotte gehört mit der Sopranistin Marie Fel zu den gefeierten Stars der seit den Tagen Lullys als »Académie Royale de Musique« bezeichneten Pariser Oper.

Entwurf eines mit Federn besetzten Kostüms von Jean Bérain (Paris 1673); charakteristisch für die Kostümmode des Barocks ist die schmale Taille, ungewöhnlich ist hier nur der kurze, kniefreie Rock der ›Indianerin‹. Auch in Rameaus Ballett-Oper »Les Indes galantes« von 1735, die Bewohner ferner Welten als ›edle Wilde‹ schildert, spiegelt sich die zeittypische Vorliebe für exotische Milieus.

Festaufführung der Oper »L'Arsace« von Francesco Feo anläßlich der Wiedereröffnung des Teatro Regio in Turin (1740), ausgestattet mit Dekorationen von Giuseppe Galli-Bibiena. Das Orchester besteht aus rund 30 Musikern, die eine 18köpfige Streichergruppe mit einer Blockflöte bzw. Oboe sowie zwei Continuo-Gruppen mit Streichbässen, Fagott und je einem Cembalo bilden; links sind auch zwei Hörner zu erkennen. Im Mittelgang und rechts im Parkett sieht man Diener, die Erfrischungen anreichen; einige Zuschauer studieren das Libretto, einer (vorn links) lugt durch ein Opern-Fernrohr auf die Bühne.

Jacques Rousseau das *intermède* »Le devin du village« als Prototyp einer ungekünstelten, ›natürlichen‹ Oper im Sinne der Aufklärung. Dabei sieht er sich völlig im Einklang mit den ›Buffonisten‹, und eine große Zahl führender Köpfe steht auf seiner Seite, was der *querelle des bouffons* eine politische Dimension verleiht.

1754 muß die italienische Operntruppe auf allerhöchsten Befehl Paris verlassen – eine Überreaktion, die nur beweist, daß das Ancien régime zu wanken beginnt und mit ihm auch die überkommenen Formen seiner Repräsentationskultur. Dennoch können sich die Opern Rameaus und sogar Lullys in Paris und Versailles bis in die 1770er Jahre hinein behaupten.

Vaudeville und Opéra comique

Bereits Rameaus mythologische Farce »Platée« (1745) stellt den Versuch dar, ein komisches Gegenstück zur Tragédie lyrique zu schaffen. Im Unterschied zum herkömmlichen Comédie-ballet weist diese *comédie lyrique* Rezitative statt gesprochener Dialoge auf. Doch bei der Herausbildung der *opéra comique* spielen beide Formen, die fest in der höfischen Tradition verankert sind, keine große Rolle. Weitaus stärker wirkt das Vorbild der italienischen Buffa und der beliebten, durch Gassenhauer (*vaudevilles*) und Arien-Parodien aufgelockerten Komödien der Jahrmarktsbühnen (*Théâtres de la Foire*), die bereits als Opéras-comiques bezeichnet werden. Den entscheidenen Anstoß für die weitere Entwicklung gibt Rousseau mit seinem »Dorfwahrsager« (s. o.). Dem italienischen Vorbild entsprechend, stattet er den Einakter mit Rezitativen aus, obwohl er glaubt, die französische Sprache sei dafür ungeeignet. Und in der Tat wird der Wegfall des Rezitativs zugunsten gesprochener Dialoge zum Charakteristikum der erneuerten Opéra comique, die schnell auch im Ausland Anhänger gewinnt.

Der Gegensatz zwischen höfischer und bürgerlicher Welt liefert den Stoff für zahllose komische Opern. Mit Stücken wie Favarts »Ninette à la cour« (»Lottchen bei Hofe« heißt eine deutschsprachige Version) setzt der Trend zu ›milieuechten‹ Kostümen auf der Opernbühne ein.

Zurück zur Natur, diese Rousseausche Devise findet ihren Niederschlag in realistischen Szenarien und lebensnah gezeichneten Figuren aus dem Volk, wobei Tendenzen des bürgerlichen Dramas zum Tragen kommen, die auch in der Buffa anzutreffen sind, etwa in Goldonis Operndichtung zu Piccinnis »La buona figliuola« (1760), die auf dem englischen Roman »Pamela or Virtue Rewarded« von Samuel Richardson basiert. Musikalisch zeigt sich die Veränderung in den *ariettes* anstelle großer Arien und in liedhaft-schlichten *nouveaux airs* (›nouveau‹ im Unterschied zu den bekannten und lediglich nach Bedarf umtextierten Vaudevilles). Zur Heimat der Opéra comique, die sich zur mächtigen Konkurrenz der im Palais Royal ansässigen Académie de Musique entwickelt, wird das alte Hôtel de Bourgogne, unter dessen Dach sich 1762 das Théâtre de la Foire mit dem Théâtre Italien vereinigt; 1783 erfolgt der Umzug in die neuerbaute Comédie-Italienne, die bald den Namen Opéra-Comique (auch »Salle Favart«) annimmt.

Der erfolgreichste Textdichter der Opéra comique in der zweiten Hälfte des 18. Jahrhunderts ist der langjährige Theaterleiter Charles-Simon Favart. Zu den wichtigsten Komponisten gehören der Italiener Egidio Romualdo Duni sowie François-André Danican Philidor, Pierre-Alexandre Monsigny und der in Lüttich geborene André-Ernest-Modeste Grétry, der das zunächst auf heitere Stoffe im ländlichen Milieu, dann zunehmend auf das bürgerliche Rührstück (*comédie larmoyante*) ausgerichtete Themenspektrum erweitert. Seine erfolgreichsten Opern sind die einaktige »Lucile« (1769, Text von Jean-François Marmontel nach Richardsons »Pamela«) und »Richard Cœur de Lion« (1784, Text von Jean-Michel Sedaine), ein historisches Sujet, das der nicht-komischen Opéra comique der Revolutionszeit (›Rettungs-‹ oder ›Schreckensoper‹) die Richtung weist.

Christoph Willibald Gluck und sein Textdichter Calzabigi stellen mit ihrer Opernreform die Musik wieder stärker in den Dienst des Dramas.

Gluck und die Reformoper Zum Erneuerer der ernsten Oper, die nicht nur in Frankreich an Boden verliert, wird der aus der Oberpfalz stammende Christoph Willibald Gluck. Seine ›Reformopern‹ brechen mit der Künstlichkeit von Opera seria und Tragédie lyrique, indem sie beide zu einer Synthese führen, die durch erhabene Einfachheit besticht. Zur treibenden Kraft wird der Dichter Ranieri de' Calzabigi, der sich vom früheren Anhänger Metastasios zu dessen entschiedenstem Gegner gewandelt hat. Mit »Orfeo ed Euridice« (1762) und »Alceste« (1767) liefert er Gluck die Textvorlagen für zwei grandiose Opernerfolge in Wien, die auch nach Paris ausstrahlen.

Ein geradliniger Handlungsverlauf ohne komplizierte Intrigen und die im »Orfeo« gegenüber der sechsköpfigen Standardbeset-

»Mein Sinn war darauf gerichtet, die Musik wieder auf ihr wahres Amt zurückzuführen: dem Drama in seinem Ausdruck und seinen wechselnden Bildern zu dienen, ohne die Handlung zu unterbrechen oder sie durch unnützen und überflüssigen Schmuck zu erkälten. Ich war ferner der Meinung, sie solle bewirken, was in einer sorgfältigen und wohl angelegten Zeichnung die Lebhaftigkeit der Farben, die wohlverteilten Gegensätze von Licht und Schatten bewirken, die dazu beitragen, die Figuren zu beleben, ohne ihre Umrisse zu entstellen. Ich habe daher einen Darsteller nicht in der größten Hitze des Dialogs unterbrechen wollen, um ein langweiliges Ritornell abzuwarten, noch ihn mitten im Wort festhalten auf einem gutliegenden Vokal, zur Schaustellung der Beweglichkeit seiner schönen Stimme in einer langen Koloratur, oder ihm durch ein Orchester-Zwischenspiel eine Atempause für eine Kadenz zu liefern.«

Christoph Willibald Gluck über seine Opernreform (aus: »Alceste«, Vorrede zur 1769 gedruckten Partitur)

zung bei Metastasio drastisch verringerte Zahl der Protagonisten (Orfeo, Euridice, Amor) sind das, was Calzabigi zur Reform beiträgt; Gluck ersetzt das starre Gerüst von Secco-Rezitativ und Da-capo-Arie durch einen flexiblen Szenenaufbau aus ineinandergreifenden Accompagnati, liedhaften, nahezu ornamentlosen Arien und bewegten Chorpartien.

Ein unternehmerischer Fehlschlag als Teilhaber des Wiener Burgtheaters und das, gemessen an den beiden Vorgängerwerken, enttäuschende Abschneiden von »Paride ed Elena« (1770, Text von Calzabigi) veranlassen Gluck, ein Angebot aus Frankreich anzunehmen. Dort hat man ihn dazu ausersehen, die Rousseauschen Vorbehalte gegen das Französische als Opernsprache zu widerlegen. So entsteht mit Hilfe des dichterisch begabten Marquis du Roullet, Attaché an der französischen Botschaft in Wien, nach einer älteren Vorlage von Jean Racine die *tragédie-opéra* »Iphigénie en Aulide« (1774). Die Uraufführung wird zu einem Triumph, der Gluck im Urteil der Franzosen auf eine Stufe mit Lully und Rameau katapultiert; bei letzterem knüpft er mit der Iphigenien-Ouvertüre an, die atmosphärisch auf das folgende Geschehen einstimmt und wie schon in »Alceste« bruchlos in die erste Szene übergeht.

Gluck kann seinen Erfolg in Paris mit französischen

Die Rundfunkproduktion des Jahres 1964 ist der Versuch, eine Oper des 18. Jahrhunderts in ihrer originalen Klanggestalt – das heißt: mit historischen Instrumenten – zu rekonstruieren; alles andere als ›original‹ ist freilich die Besetzung der Hauptrolle mit einem Bariton, denn Gluck schrieb die Partie ursprünglich für einen Kastraten bzw. (in der Pariser Fassung) für einen Tenor.

W E S T D E U T S C H E R   R U N D F U N K

Sonntag, den 8. November 1964, 19.30 Uhr, Funkhaus, Großer Sendesaal

ORFEO
ED
EURIDICE
AZIONE TEATRALE
Per Musica
DEL SIGN.^R CAV. CRISTOFANO
GLUCK

Konzertante Aufführung der Wiener Fassung von 1762
zur 250. Wiederkehr des Geburtstages
von Christoph Willibald Gluck
Text von Raniero de' Calzabigi

Orfeo — Dietrich Fischer-Dieskau
Euridice — Elisabeth Söderström
Amore — Ruth-Margret Pütz
Der Kölner Rundfunkchor
Chordirektor Herbert Schernus
Cappella Coloniensis
Dirigent: Ferdinand Leitner

Pause nach dem zweiten Akt

Die Oper wird am Totensonntag, dem 22. November, 19.15 Uhr über die Mittelwellensender des WDR/NDR gesendet

musik der zeit 2: Montag, 16. November 1964, 19.30 Uhr
Leitung: Bruno Maderna
Solisten: Joan Carroll, Sopran
Severino Gazzelloni, Flöte
Der Kölner Rundfunkchor
Werke von Charles Ives, Bruno Maderna, Earle Brown, Luigi Nono, Darius Milhaud

3. Sinfoniekonzert: Freitag, 27. November 1964, 19.30 Uhr
Leitung: Christoph von Dohnanyi
Solist: Alfred Brendel, Klavier
Arnold Schönberg — Klavierkonzert op. 42
Anton Bruckner — 3. Sinfonie d-moll

Anna Caterina Antonacci als »Armide« in einer Produktion der Mailänder Scala zur Saisoneröffnung 1996/97 (Inszenierung und Ausstattung von Pier Luigi Pizzi, musikalische Leitung Riccardo Muti).

Fassungen der beiden ersten Wiener Reformopern wiederholen; er ändert einiges, komponiert die Rezitative neu, fügt Ballettmusiken ein (die er teilweise aus früheren Opern übernimmt) und schreibt die Kastratenpartie des Orfeo für eine Tenorstimme um. Mit »Armide« (1777, auf ein schon von Lully vertontes Libretto von Quinault), »Iphigénie en Tauride« (1779, Text von Nicolas-François Guillard) und dem nur mäßig erfolgreichen *drame lyrique* »Echo et Narcisse« (1779, Text von Ludwig Theodor von Tschudi) folgen drei Neukompositionen.

Die taurische Iphigenie macht Gluck, Piccinni und François-Joseph Gossec zu Gegenspielern wider Willen in einem von fremden Interessen gesteuerten Konkurrenzkampf, aus dem Gluck schließlich als Sieger hervorgeht. Ungeachtet der zahlreichen Entlehnungen aus früheren Werken wird seine Iphigenie als Meisterwerk allgemein anerkannt. Sie setzt sich nicht nur gegen die Vertonungen Piccinnis (1780) und Tommaso Traëttas (1763) durch, sondern behauptet sich auch als eine der überzeugendsten Euripides-Nachschöpfungen neben Goethes gleichnamigem Schauspiel.

Gluck, der als Kapellmeister mehrere Jahre der Mingottischen Operntruppe angehörte, steht wie die meisten deutschen Opernkomponisten seiner Zeit unter dem Einfluß der neapolitanischen Schule. Erst die Berührung mit der Opéra comique läßt ihn von eingefahrenen Wegen abkommen und die nationalen Unterschiede, die er selbst als lächerlich bezeichnet, überwinden. Aus seinem Bekenntnis zu einer internationalen Musik (»propre à toutes les Nations«) und dem Pathos der großen, wahren, einfachen Gefühle spricht jener Humanitätsgedanke, den wenig später unter dem Eindruck der Französischen Revolution auch Ludwig van Beethoven in seinen Werken formuliert.

Wie Gluck ist der ein halbes Jahrhundert jüngere Wolfgang Amadeus Mozart

Programmzettel der Mailänder Scala zur Aufführung von »Armide«, einer Oper, die Traditionen von Tragédie lyrique und Opera seria vereint; bei der Ouvertüre greift Gluck auf ein früheres Werk (»Telemaco« 1765) zurück.

ein Kind der italienischen Opernsphäre. Er bleibt ihr in allen seinen Werken verhaftet, so einzigartig und fernab von jeder Konvention sie auch dastehen mögen. Doch nicht zuletzt darin, daß er die italienische Oper von Grund auf erneuert, ohne einen Traditionsbruch herbeizuführen, erweist sich Mozarts Genie.

Daß er mit der »Zauberflöte« eine eigenständige deutsche Operntradition in Gang setzt, erscheint fast nebensächlich angesichts der in »Don Giovanni« vollbrachten Leistung, ein in Seria und Buffa zerfallenes Genre als Ganzes wiederauferstehen zu lassen.

Was Mozarts späte Opern so weit über ihre Zeit hinaushebt, ist ihre Vielschichtigkeit und musikalische Durchdringung aller Ausdrucksebenen, wie in einer musikalisch-dramatischen Doppelbelichtung, die uns inneres und äußeres Geschehen gleichzeitig erkennen läßt. Das gilt sogar für »La clemenza di Tito«, die noch im metastasianischen Korsett daherkommt: ein letzter Gipfelpunkt der Opera seria, der auch dem Kastratentum, dessen Glanzzeit längst vorüber ist, einen ehrenvollen Abgang bereitet.

Im 19. Jahrhundert wird Glucks »Orpheus« zur ›Hosenrolle‹ für Sängerinnen, weil Kastraten nicht mehr zur Verfügung stehen. Die Sopranistin Anna Pauline Milder singt auch die Leonore in der Uraufführung von Beethovens »Fidelio«; 1805 tritt sie als Tamino, der eigentlich ja eine Tenorpartie ist, in Mozarts »Zauberflöte« auf.

Erst im 19. Jahrhundert wird Wolfgang Amadeus Mozart zum Liebling der Götter stilisiert. Zu Lebzeiten in Wien ist er einer unter vielen anderen erfolgreichen Komponisten, dessen Genie auch von Bewunderern und Gönnern oft verkannt wird: »Zu schön für unsere Ohren und gewaltig viel Noten, lieber Mozart!« befindet Kaiser Joseph II. nach der Premiere der »Entführung«.

Seinen Einstand als Opernkomponist in Wien gibt Mozart im Alter von zwölf Jahren mit einem deutschen Singspiel, das auf Rousseaus »Dorfwahrsager« basiert: »Bastien und Bastienne« (1768, Text nach Favart von Friedrich Wilhelm Weiskern und Andreas Schachtner). Die Uraufführung des harmlosen kleinen Werks findet im privaten Rahmen statt und bleibt ohne nennenswertes Echo. Ganz anders »Mitridate, Re di

Theaterbilderbogen mit Figurinen zur »Entführung aus dem Serail« (Berlin um 1829)

Ponto«, eine konventionelle Seria, die er 1770 für italienische Auftraggeber komponiert: Bravorufe begleiten die sechsstündige, mit großen Balletteinlagen versehene Festaufführung in Mailand, die er selbst vom ersten Cembalo aus leitet.

Joseph II. ist ein aufgeklärter Monarch, der seinen Untertanen tiefgreifende Reformen verordnet und die Privilegien von Klerus und Adel radikal beschneidet. Im Jahr 1787 stattet er Mozart mit einem Jahressold von 800 Gulden und dem Titel eines »k. k. Hof-Musik-Compositors« aus, damit »ein in dem Musik-Fache so seltenes Genie nicht genöthigt sey, in dem Auslande Verdienst und Brod zu suchen«.

Als Neunzehnjähriger hat Mozart bereits neun Bühnenwerke komponiert, doch bis zum nächsten vergehen noch einmal fünf Jahre: »Idomeneo, Re di Creta« (Text nach Antoine Danchet von Gianbattista Varesco), ein Auftragswerk des bayerischen Kurfürsten, wird 1781 im Münchner Residenztheater (»Cuvilliés-Theater«) uraufgeführt. Die auf Wunsch des Kurfürsten mit Chorszenen und Ballett ausgestattete Seria wird ein durchschlagender Erfolg, der Mozart zum Bruch mit seinem Salzburger Dienstherren ver-

Bühnenbildentwurf zu »Idomeneo« (Wilhelm Kuhn, Köln 1878)

Bühnenbildentwurf zur »Entführung« (Otto Reigbert, 20. Jahrhundert)

Kostümbilder zu »Figaros Hochzeit« aus der Wiener Theaterzeitung (19. Jahrhundert)

Zwei große Mozart-Interpeten in den Rollen ihres Lebens: Lilli Lehmann als Donna Anna und Francisco d'Andrade als Don Giovanni. Ein umjubelter Star wie die *Primadonna assoluta* Lilli Lehmann, die 1870 als Koloratursängerin in Berlin begann und dann ins dramatische Fach wechselte, war auch d'Andrade; Max Slevogt hat ihn mehrfach als Don Giovanni portraitiert.

leitet und letztlich die Entscheidung bringt, nach Wien zu gehen. Im Auftrag Kaiser Josephs II., der in Wien eine deutsche Oper etablieren will, entsteht dort »Die Entführung aus dem Serail« (1782, Text nach Christoph Friedrich Bretzner von Johann Gottlieb Stephanie d. J.): eine deutschsprachige Buffa im türkischen Kolorit, wie es damals à la mode ist, mit gesprochenen Dialogen und einem ›Vaudeville-Finale‹ im Stil der Opéra comique.

Anfang 1783 begegnet Mozart dem Librettisten Lorenzo Da Ponte, Hausdichter des nach Einstellung des »Teutschen Nationalsingspiels« am Burgtheater neugegründeten italienischen Theaters. Auf Mozarts Wunsch verfaßt er eine Bearbeitung der französischen Komödie »La folle journée ou Le marriage de Figaro« von Pierre Augustin Caron de Beaumarchais. Mozart komponiert mit wahrem Feuereifer, obwohl ihm kein Auftrag dafür vorliegt und ein verwandter Stoff unter dem Titel »Il barbiere di Siviglia« durch Giovanni Paisiello bereits auf glänzende Weise vertont und auch in Wien bekannt ist; in der Gestaltung einzelner Nummern lehnt Mozart sich deutlich an Paisiellos Vorbild an, z. B. in der berühmten Kavatine Figaros »Se vuol ballare« oder Cherubinos »Voi, che sapete«.

In der Originalfassung als Theaterstück unterliegt Beaumarchais' bissige Komödie einem Aufführungsverbot, handelt sie doch vom Aufbegehren eines Dienerpaares gegen seinen adligen Herrn. Für standesbewußte Aristokraten gibt es da nichts zu lachen. Doch der Kaiser selbst setzt trotz anfänglicher

Links: Basilio, der Musikmeister in »Figaros Hochzeit«: Entwurf von Hans Strohbach für ein Mozart-Projekt (1932)

Rechts: Luigi Goffredo Zuccoli als Leporello (Paris 1828)

Der Bariton Francisco d'Andrade galt als Idealbesetzung des Don Giovanni, hier mit seinem Diener Leporello in der berühmten Friedhofsszene (Radierung von Max Slevogt 1920)

Papagenos Arie »Ein Mädchen oder Weibchen ...«, illustriert von Max Slevogt (Radierung 1920)

Sternenhimmel über der Königin der Nacht: Bühnenbild von Simon Quaglio (München 1818)

Bedenken »Le nozze di Figaro« gegen alle Widerstände – auch von seiten der mit Mozart rivalisierenden Kollegen – durch. Die Aufnahme des Werks bei der Uraufführung am 1. Mai 1786 teilt sich in schroffe Ablehnung auf der einen und begeisterte Anerkennung auf der anderen Seite. In Prag jedoch, wo man es bald nachspielt, bricht ein beispielloser Figaro-Taumel aus. Von dort kommt auch der nächste Opernauftrag: »Don Giovanni« (Text von Da Ponte nach Giovanni Bertati), dessen Erfolg bei der Uraufführung am 29. Oktober 1787 im Gräflich Nostitzschen Nationaltheater (ab 1798 »Ständetheater«) an den des »Figaro« heranreicht.

In Wien, wo die Oper auf besonderen Wunsch des Kaisers wenig später wiederholt wird, ist die Begeisterung sehr viel schwächer. Nur insgesamt 15 Mal, danach für lange Zeit nicht mehr, steht »Don Giovanni« 1788 auf dem Spielplan. »Le nozze di Figaro« bringt es zwischen 1786 und 1790 auf 20 Aufführungen, während Antonio Salieris Erfolgsoper »Axur, Re d'Ormus« und Paisiellos »Barbier« zwischen 1783 und 1790 insgesamt

»Die Zauberflöte« in moderner Szenerie: Bühnenbilder von Max Bignens (oben, München 1971) und Roland Topor (unten, Essen 1990)

Das im Jahr 1801 eröffnete Theater an der Wien bietet mehr als 2000 Zuschauern Platz. Der Neubau löst Emanuel Schikaneders Freihaustheater auf der Wieden ab.

42 bzw. 60 Mal über die Bühne gehen. 1789 ist es erneut der Kaiser, der Mozart mit einem Opernauftrag versorgt: »Così fan tutte« (Text von Da Ponte) erlebt am 26. Januar 1790, dem Vorabend von Mozarts 34. Geburtstag, im Burgtheater eine vielversprechende Premiere. Doch als Joseph II. kaum einen Monat später stirbt, wird »Così« aufgrund der Nationaltrauer bis Juni nicht mehr gegeben und auch danach, solange Mozart lebt, nur noch fünfmal.

Während der Arbeit an seiner letzten Oper, »Die Zauberflöte« auf einen Text des Schauspielers und Theaterunternehmers Emanuel Schikaneder, trifft aus Prag ein neuer Auftrag ein: eine Festoper für den 6. September 1791, den Tag, an dem der neue Kaiser Leopold II. die böhmische Krone erhalten soll. Binnen sieben Wochen beendet Mozart die Arbeit an »La clemenza di Tito«, einer klassischen Seria nach Metastasio (Textbearbeitung von Caterino Mazzolà). Am 31. desselben Monats, fünf Wochen vor seinem Tod im Alter von 36 Jahren, erlebt »Die Zauberflöte« ihre Uraufführung in Schikaneders Wiener Vorstadt-Theater »im Freihaus auf der Wieden«.

Anders als die drei Da-Ponte-Opern, die sich als vollendete Musikdramen auf dem Gipfel der italienischen Operntradition des 18. Jahrhunderts präsentieren, erscheint »Die Zauberflöte« als noch unausgereifter Prototyp eines deutschen Singspiels mit Seria-Einlagen, angesiedelt zwischen »Maschienenkomödie«, Zauber- oder Märchenspiel und zeitkritischer Revue. Einzig Mozarts Musik sichert diesem Werk voller Widersprüche eine gewisse Stimmigkeit, vor allem durch die schon in der Ouvertüre erzeugte Spannung zwischen der Sphäre der Königin der Nacht und der Freimaurer-Welt Sarastros, deren Doppelbödigkeit stets spürbar bleibt. Ungeachtet der dramaturgischen Schwächen ist »Die Zauberflöte« die auf Anhieb erfolgreichste und im deutschsprachigen Raum bis heute meistgespielte Mozart-Oper.

Elisa Müller als Sextus (Breslau 1805) in Mozarts »Titus«; Sextus ist eine klassische Kastratenpartie, ebenso wie die seines Freundes Annius, die jedoch schon bei der Uraufführung von einer Sopranistin übernommen wird.

Bühnenbildentwurf von Giorgio Fuentes zu »Titus« (Frankfurt 19. Jahrhundert)

1804
Uraufführung von Friedrich Schillers »Wilhelm Tell« (Regie: Goethe)
1805
Napoleon erläßt Kastrationsverbot in Italien
1814/15
Wiener Kongreß
1830
Juli-Revolution in Frankreich, Unabhängigkeitserklärung Belgiens
1848/49
Februar-Revolution in Frankreich, März-Revolution in Deutschland; Giuseppe Garibaldi kämpft gegen die Österreicher in Oberitalien.
1861
Giuseppe Verdi wird als Abgeordneter in das erste italienische Parlament gewählt.
1867
Karl Marx veröffentlicht »Das Kapital« (1. Band).
1877
Thomas A. Edison erfindet den Phonographen.
1886
Ludwig II., König von Bayern, ertrinkt im Starnberger See.
1887
Emil Berliner erfindet das Grammophon.

Oper und Politik – Die Entstehung der Nationalopern

Die »Weltseele« sieht der Philosoph Georg Wilhelm Friedrich Hegel vorüberreiten, als Napoleon am 13. Oktober 1806 auf dem Weg zum Sieg über Preußen die Stadt Jena durchquert – »ein solches Individuum ..., das hier auf einen Punkt konzentriert, auf einem Pferde sitzend, über die Welt übergreift und sie beherrscht«. In Napoleons Erfolgen scheinen die Ideen der französischen Revolution europaweit zu triumphieren, Ideen, denen auch Ludwig van Beethoven nahesteht, obwohl seine Begeisterung für Napoleon mit dessen Kaiserkrönung jäh zerbrochen ist. Der auftrumpfende Gestus der Dritten Sinfonie, die ursprünglich ja Bonaparte gewidmet sein sollte, kündet noch vom *élan terrible* französischer Revolutionsmusik.

Das signalartige Motiv, das den Kopfsatz der »Eroica« beherrscht, erklingt schon in der Einleitung zu Mozarts »Bastien und Bastienne«, was ein merkwürdiger Zufall ist und, wenn man weiß, daß dieses Singspiel auf einer Textvorlage von Rousseau beruht, zu Spekulationen darüber einlädt, ob die gemeinsame musikalische Substanz nicht auch eine ideelle Gemeinsamkeit bedeuten könnte. Ganz sicher gilt dies für die französischen Militärsignale, die in den »Leonore«-Ouvertüren zu Beethovens erster und einziger Oper »Fidelio« auftauchen. Den Stoff liefert eine

Ludwig van Beethoven und Wilhelmine Schröder-Devrient bei der Einstudierung des »Fidelio«. Ob Proben in dieser Form jemals stattgefunden haben, ist mehr als zweifelhaft. Tatsache ist, daß die Sopranistin schon bald nach ihrem Debüt als Pamina in Mozarts »Zauberflöte« (Wien 1821) zur beliebtesten Leonore-Darstellerin ihrer Zeit wird.

wahre Begebenheit, die der Verfasser der Vorlage, Jean Nicolas Bouilly, aus eigener Anschauung geschildert hat: In den Wirren der Französischen Revolution gelingt es einer furchtlosen, als Mann verkleideten Frau, ihren Gatten aus dem Gefängnis zu befreien. Schon das 1798 erstmals vertonte Originallibretto und auch die 1804 uraufgeführte »Leonora ossia L'amore conjugale« von Ferdinando Paër verlegen die Handlung nach Spanien in die Zeit um 1500. Beethovens Textdichter und Bearbeiter (Joseph Ferdinand von Sonnleithner, Stephan von Breuning und Georg Friedrich Treitschke) behalten Spanien als Schauplatz bei, rücken das Geschehen aber zeitlich wieder an die Gegenwart heran. Die Uraufführung von »Fidelio oder Die eheliche Liebe« am 20. November 1805 im Theater an der Wien wird ein Mißerfolg, zum einen, weil Beethoven schlecht dirigiert – Folge seiner fortgeschrittenen Ertaubung –, zum anderen, weil sich das Publikum größtenteils aus Angehörigen der französischen Besatzungsarmee rekrutiert, die die Sprache nicht verste-

Wilhelmine Schröder-Devrient als Fidelio/Leonore stellt sich Don Pizarro, dem finsteren Gouverneur des Staatsgefängnisses entgegen, um den geliebten Florestan zu schützen (»Töt' erst sein Weib!«).

Spanisches Staatsgefängnis: Bühnenbild von Lorenzo Sacchetti zur Uraufführung von Beethovens »Fidelio« am Theater an der Wien (1805)

hen. Die vier Monate später unter dem Titel »Leonore« herausgebrachte Neufassung in zwei statt drei Akten wird freundlicher aufgenommen, den eigentlichen Durchbruch bringt jedoch erst die dritte Fassung von 1814.

Als Rettungsoper knüpft »Fidelio« an den beliebtesten Typus der Opéra comique der Revolutionszeit an, aber es ist nicht zu übersehen, wie stark durchtränkt mit bürgerlichen Moralvorstellungen das Freiheitspathos des »Fidelio« ist. – Ein größerer Gegensatz als zwischen diesem ›Hohelied der Gattenliebe‹ und den vorrevolutionären Da-Ponte-Opern Mozarts als Ausläufern einer vermeintlich sittenlosen Zeit ist kaum vorstellbar.

Singspiel und Oper im deutschsprachigen Raum

In Wien hat das Vorbild von Opera buffa und Opéra comique seit den 1760er Jahren verschiedene Nachahmungen in deutscher Sprache angeregt. Zu den erfolgreichsten gehören das auf kaiserlichen Wunsch von Salieri vertonte Singspiel »Der Rauchfangkehrer« (1781, Text von Leopold von Auenbrugger) und Karl Ditters

Fröhliche Urständ einer barocken *backstage comedy* – »L'Opera seria« von Florian Leopold Gaßmann (Wien 1769, Text von Ranieri de' Calzabigi): Quicklebendig präsentiert sich diese Genreparodie nach ihrer ›Ausgrabung‹ durch den Alte-Musik-Spezialisten René Jacobs in der 1994 von der Berliner Staatsoper und den Schwetzinger Festspielen koproduzierten Inszenierung von Jean-Louis Martinoty (im Bild: Richard Croft, Janet Williams und Curtis Rayam bei den Innsbrucker Festwochen).

von Dittersdorfs »Doktor und Apotheker« (1786, Text von Johann Gottlieb Stephanie d. J.), das den kurz zuvor uraufgeführten »Figaro« von Mozart überflügelt und innerhalb weniger Jahre etliche Inszenierungen in verschiedenen Ländern und Sprachen erlebt: der erste internationale Erfolg einer deutschen Oper.

Marie-Thérèse Maillard in der Tragédie lyrique »Tarare« (1787, Text von Beaumarchais), dem zweiten Erfolg Antonio Salieris in Paris; der erste, »Les Danaïdes« (1784), kommt mit Hilfe Glucks zustande, der als Mitautor genannt wird, obwohl Salieri der alleinige Urheber ist. Mit »Axur, Re d'Ormus«, der italienischen »Tarare«-Fassung, trumpft er 1788 in Wien auf, wo man ihn im gleichen Jahr zum Hofkapellmeister ernennt. Salieri, einstiger Zögling Florian Gaßmanns, ist einer der gesuchtesten Kompositionslehrer in Wien, Beethoven und Liszt gehören zu seinen Schülern.

Der Opera seria ernsthaft Konkurrenz zu machen, vermag kaum eine Handvoll deutschsprachiger Werke. Am ehesten gelingt dies noch Ignaz Holzbauers »Günther von Schwarzburg« (Mannheim 1777, Text von Anton Klein), der musikalisch jedoch ebenso wie Anton Schweitzers »Alceste« (Weimar 1773, Text von Christoph Martin Wieland) der Machart italienischer Vorbilder verpflichtet bleibt. Bemerkenswert an Holzbauers Oper sind die Accompagnati, deren häufige Verschmelzung mit Secco-Rezitativ und Arie die Tendenz zur durchkomponierten Form erkennen läßt. Auch das an sich äußerst schwache Textbuch ist insofern zukunftsweisend, als es tatsächlich einen deutschen, zudem sehr patriotischen Stoff behandelt. Mozart, der das Werk in einer Aufführung mit dem hervorragenden Mannheimer Orchester kennenlernt, berichtet darüber seinem Vater: »Die Musik von Holzbauer ist sehr schön. Die Poesie ist nicht wert einer solchen Musik. Am meisten wundert mich, daß ein so alter Mann wie Holzbauer noch so viel Geist hat, denn das ist nicht zu glauben, was in der Musik für ein Feuer ist«.

Johann Adam Hiller ist einer der führenden Repräsentanten des Leipziger Musiklebens, Gesangspädagoge, Begründer der Gewandhauskonzerte und als Thomaskantor der dritte Nachfolger Bachs. Mit »Lottchen am Hofe« (Leipzig 1767, Text von Christian Felix Weiße nach Favarts »Ninette à la cour«) schafft er ein Singspiel, das in seinem Verzicht auf anspruchsvolle Arien für die frühe »deutsche Operette« untypisch und wegweisend zugleich ist. Denn obwohl die Operette, hervorgegangen aus komischen Volkstheaterstücken mit Gesangseinlagen, das schlichte Strophenlied bevorzugt, macht sie wie das Wiener Singspiel auch regen Gebrauch von Arien und Ensembles (Vaudeville-Finale) nach Art der Buffa und Opéra comique.

Rousseaus Versuch, mit der *scène lyrique* »Pygmalion« (Lyon 1770) einen Mittelweg zwischen Drama und Oper einzuschlagen, findet Widerhall im Schaffen des Gothaer Hofkapellmeisters Georg Anton Benda. Bei Rousseau tritt die Musik affektausdeutend, aber nicht als Untermalung neben Textrezitation und Pantomime, Benda hingegen arbeitet auch mit Überschneidungen instrumentaler und gesprochener Partien. Seine »Ariadne auf Naxos« (Text von Johann Christian Brandes, Gotha 1775), »Medea« (Text von Friedrich Wilhelm Gotter, Leipzig 1775) und ähnliche Werke anderer Dichter und Komponisten bis zur Jahrhundertwende – auch Goethe experimentiert vorübergehend mit der neuen Form – sorgen für ein kurzes Aufblühen des Genres in Deutschland. Doch auch sie ändern nichts daran, daß die Entwicklung einer eigenständigen deutschen Oper bis zum Beginn der Romantik über vielversprechende Ansätze kaum hinausgelangt. Auf Dauer können sich nur Mozarts »Zauberflöte« und Beethovens »Fidelio« behaupten. Sie legen das Fundament für die romantische deutsche Oper in allen ihren Spielarten vom musikalischen Märchen bis zum Ideendrama.

»Ariadne auf Naxos«: Stich aus dem Gothaer »Theaterkalender auf das Jahr 1766«

»Nur im wahrhaft Romantischen mischt sich das Komische mit dem Tragischen so gefügig, daß beides zum Totaleffekt in Eins verschmilzt und das Gemüt des Zuhörers auf eine eigene, wunderbare Weise ergreift«

E. Th. A. Hoffmann, »Der Dichter und der Komponist«, 1813

Den Anfang macht Ernst Theodor Amadeus Hoffmann, der als ›Gespenster-Hoffmann‹ nicht nur einer der Hauptvertreter der literarischen Romantik ist, sondern auch in der Musik seiner Zeit als Kritiker, Kapellmeister und Komponist eine maßgebliche Rolle spielt.

Deutsche Oper in Berlin und Dresden

In seinen wichtigsten Bühnenwerken greift Hoffmann auf Texte anderer Dichter zurück; »Undine« stammt von Friedrich de la Motte Fouqué, einem der auch im Ausland beliebtesten deutschen Erzähler des frühen 19. Jahrhunderts. Nordische Mythen, Volksmärchen, das Rittertum des Mittelalters und ein gehöriger Schuß Phantastik sind die Grundzutaten seines Werks, die vereint in »Undine« ein regelrechtes Konzentrat romantischer Opernstoffe ergeben. Die aufsehenerregende Uraufführung findet am 3. August 1816 im Schauspielhaus am Gendarmenmarkt statt, der neben dem Königlichen Opernhaus Unter den Linden zweiten großen Berliner Opernbühne.

Francesco Morlacchi ist Schöpfer von etwa 20 Opern konventioneller Seria- und Buffa-Machart. Als Kapellmeister der italienischen Hofoper in Dresden ist er in einer gegenüber dem Kapellmeister der deutschen Oper, Carl Maria von Weber, privilegierten Position.

Dresden, traditionell eine Hochburg der italienischen Oper, wird durch das Wirken E. Th. A. Hoffmanns, Carl Maria von Webers und Richard Wagners zur engeren Heimat der romantischen deut-

Teresa Belloc-Giorgi als Donna Aurora in Morlacchis gleichnamiger Oper (Mailand 1821, Text von Felice Romani)

Carl Maria von Weber als Dirigent seines »Freischütz« in London. Weber verfügt über besondere Fähigkeiten als Orchestererzieher und Dirigent; zur deutlicheren Zeichengebung benutzt er eingerolltes Notenpapier statt eines Taktstocks, der sich erst nach und nach einbürgert. »In Hinsicht auf Direktion des Orchesters unterstehe ich mich zu beweisen, daß es überhaupt Wenige seines Gleichen gibt«, schreibt der Berliner Intendant Graf Brühl über Weber in einem Empfehlungsschreiben an den König von Preußen.

schen Oper. Weber, 1816 zum Musikdirektor der neu eingerichteten Deutschen Oper in Dresden ernannt, bringt wertvolle Erfahrungen aus Prag mit, wo er als Kapellmeister am Ständetheater u. a. Beethovens »Fidelio« aufgeführt und den »Faust« von Louis Spohr (1816, Text von Joseph Karl Bernard) aus der Taufe gehoben hat.

Spohrs »Faust« bleibt im wesentlichen dem Wiener Singspiel treu, allerdings mit deutlichen Anklängen an Mozart, z. B. in der Tanzmusik am Ende des zweiten Akts, die an die berühmte Fest-Szene aus »Don Giovanni« erinnert (Finale erster Akt). Auch Webers erste Bühnenwerke fallen nicht aus dem Rahmen, sogar »Der Freischütz« (Text von Friedrich Kind nach einer Novelle aus dem »Gespensterbuch« von August Apel und Friedrich Laun) ist in seiner Grundstruktur ein biederes Singspiel mit volkstümlichen Melodien. Zum ›Urknall‹ des deutschen Musiktheaters wird er erst durch Webers ausgeprägten Sinn für Dramatik und seine Kunst der Instrumentation, die den genialen Orchesterleiter und erfahrenen Bühnenpraktiker verraten. Eine seiner großartigsten Leistungen ist die Wolfsschluchtszene am Ende des zweiten Akts, in der sich packende Naturschilderung und melodramatischer Bühnenspuk zu einem Moment schwärzester Schauerromantik verdichten. Die Uraufführung am 18. Juni 1821 im kurz zuvor wiedereröffneten Berliner Schauspielhaus wird als Triumph der deutschen Oper allgemein bejubelt, Musikstücke wie der Chor der Brautjungfern avancieren über Nacht zu Gassenhauern und machen Weber zu einem der populärsten Komponisten der Epoche. Gasparo Spontini, der vormalige Hofkapellmeister Napoleons und amtierende Generalmusikdirektor in Berlin, hat das Nachsehen.

Im Ehrgeiz, den Erfolg zu bestätigen und möglichst noch zu übertreffen, weicht Weber in seiner nächsten Oper »Euryanthe« genauso wie Spohr in »Jessonda« (Kassel 1823, Text von Eduard Heinrich Gehe) vom Singspielschema ab. Kommt »Jessonda« als eine in lyrische Farben getauchte Rettungsoper im indischen Gewand daher – ein portugiesischer Offizier

Max und Kaspar beim Gießen der sieben Freikugeln: zeitgenössische Illustration der Wolfsschluchtszene (Carl Lieber 1824)

Gasparo Spontini, einer der Miterfinder der Großen Oper, ist seit 1820 Erster Kapellmeister des preußischen Hofes. Als deutschsprachiges Musterexemplar der neuen Gattung entsteht anläßlich der Prinzenhochzeit in Berlin »Agnes von Hohenstaufen« (1827, Text von Ernst Raupach). Trotz raffinierter Instrumentation, Monumentalbesetzung und aufwendiger Dekoration bleibt der Oper der durchschlagende Erfolg versagt.

kann im letzten Augenblick verhindern, daß die Heldin der Witwenverbrennung anheimfällt –, ist »Euryanthe« ein romantisches Ritterdrama voller Merkwürdigkeiten (Giftring, Riesenschlange), die teilweise von Weber selbst veranlaßt sind. Die Unzulänglichkeit des Textbuchs (Helmina von Chézy unter Mitarbeit des Komponisten) schmälert den eigentlich geglückten Versuch, eine durchkomponierte Oper zu schaffen, so nachhaltig, daß »Euryanthe« sich trotz der erfolgreichen Uraufführung (Wien 25. Oktober 1823) zu einem Stiefkind des Repertoires entwickelt; häufig gespielt wird nur die Ouvertüre, die einen Einblick in den großen musikalischen Reichtum dieses Werks gestattet.

Mit »Oberon«, seinem letzten Werk, geht Weber auf dem Weg zur großen Oper wieder einen Schritt zurück; das ziemlich zusammenhanglose Textbuch läßt ihm keine andere Wahl. Schwerkrank akzeptiert er das lukrative Angebot aus London und stattet die von James Robinson Planché in der Art älterer *semi-operas* arrangierte Szenenfolge (nach Motiven aus Wielands gleichnamigem Versepos sowie dem Shakespeareschen »Sommernachtstraum« und »Sturm«) mit

Szenenbild von Karl Friedrich Schinkel, dem großen Berliner Architekten und Bühnenbildner, für Spontinis »Olympia« (Paris 1816, Text von Michel Dieulafoy und Charles Brifaut nach Voltaire) in der von E. Th. A. Hoffmann übersetzten Neufassung, mit der Spontini sich in Berlin einführt (1821).

rund 20 Musiknummern und einer programmatischen Ouvertüre aus, deren einleitendes Hornsignal leitmotivisch in der ganzen Oper wiederkehrt. Wenige Wochen nach der von ihm selbst geleiteten Uraufführung (12. April 1826) stirbt Weber 39jährig noch in London an Tuberkulose.

Szene aus »Euryanthe« mit Wilhelmine Schröder-Devrient in der Titelrolle: Obwohl Graf Adolar ihr nach dem Leben trachtet, schützt Euryanthe ihn vor einer Schlange (Dresden 1824). Wilhelmine Schröder-Devrient ist auch die Venus der Dresdner Uraufführung von Wagners »Tannhäuser«.

Trotz der Singspielform und des Übergewichts der Sprechrollen ist Webers »Oberon« ein Meilenstein in der Entwicklung der romantischen Oper, denn in keinem Werk zuvor ist das Orchester so differenziert und bedeutungstragend eingesetzt wie hier. Die Reihe der Komponisten, die sich auf Weber berufen werden, reicht von Hector Berlioz und Wagner über Gustav Mahler und Claude Debussy bis hin zu Igor Strawinsky – allesamt Meister der Instrumentation.

Ein direkter Nachfolger Webers ist Heinrich Marschner, der seinerseits einen starken Einfluß auf Wagner ausübt. Musikalische Naturschilderungen und übernatürliche Erscheinungen,

Der Hain des Oberon: Gemälde von Franz Angelo Rottonara (Wiesbaden 1900, nach einem Bühnenbild von Hans Kautsky)

Einen großen, aber lange Zeit unbeachtet gebliebenen Beitrag zur deutschen Oper leistet Franz Schubert; nur drei von über einem Dutzend teilweise unvollendeten Bühnenwerken, die mal als Singspiel oder »Posse mit Gesang«, mal als Melodram oder »heroisch-romantische Oper« angelegt sind, werden zu seinen Lebzeiten aufgeführt. Die Ursache liegt nicht allein darin, daß Schubert in Wien kaum Anschluß an den professionellen und zudem stark italienisch beeinflußten Opernbetrieb findet, sondern auch in der dilettantischen Machart der Libretti aus der Feder befreundeter Gelegenheitsdichter wie Franz von Schober (»Alfonso und Estrella« 1822, Uraufführung Weimar 1854) und Joseph Kupelwieser (»Fierrabras« 1823, UA Karlsruhe 1897). Erst in jüngerer Zeit hat eine zaghafte Schubert-Renaissance eingesetzt.

volkstümliche Gesangsnummern, aber auch Accompagnati und Arien, verquickt mit melodramatischen Partien kennzeichnen seine zwischen Singspiel (Dialogform) und großer Oper (mit musikalisch durchgeformten Szenenblöcken) stehenden ›Dialog-Opern‹: »Der Vampyr« (Leipzig 1828, Text von Wilhelm August Wohlbrück), »Der Templer und die Jüdin« (Leipzig 1829, Text von Wohlbrück nach Motiven aus »Ivanhoe« von Walter Scott) und »Hans Heiling« (Berlin 1833, Text von Eduard Devrient) werden zu großen Erfolgen nicht nur auf deutschen Bühnen der Biedermeierzeit.

Der Komponist Albert Lortzing betätigt sich auch als Schauspieler und Sänger (»zweite Tenor- und Buffopartien«) Mit dem mehrfach (u. a. von Donizetti) vertonten Stoff des »Zar und Zimmermann« kommt er erstmals als Schauspieler in der Rolle des Chateauneuf in Berührung. Bei der Leipziger Uraufführung seiner Oper übernimmt er die Rolle des jungen russischen Deserteurs Peter Iwanow, der auf einer holländischen Werft mit dem Zaren verwechselt wird. Daß Peter der Große ingkognito nach Holland reiste, um dort den Schiffsbau zu studieren, ist historisch verbürgt.

Neben Marschner ist von den Komponisten der Generation zwischen Weber und Wagner vor allem Albert Lortzing noch im heutigen Opernbetrieb präsent. Er liefert mit »Zar und Zimmermann« (Leipzig 1837, Text vom

Komponisten) und »Der Wildschütz oder Die Stimme der Natur« (Leipzig 1842, Text vom Komponisten nach »Der Rehbock« von August von Kotzebue) Paradebeispiele für den Typus der volkstümlichen deutschen Spieloper, die ein gut Teil ihrer Komik aus dem kraß überzeichneten Gegensatz zwischen Land- und Stadtbevölkerung bzw. dem Standesunterschied der handelnden Figuren bezieht.

Richard Wagner: Radierung von Johann Leonhard Raab nach dem Ölbild von Franz von Lenbach aus dem Jahr 1871

Größeren internationalen Beifall als diese beiden Lortzing-Werke erringen zwei komische Opern von Otto Nicolai und Friedrich von Flotow. In »Die lustigen Weiber von Windsor« (Berlin 1849, Text von Salomon Hermann Mosenthal nach Shakespeares gleichnamigem Lustspiel) gelingt es Nicolai, der auch mit italienischen Opern reüssiert, italienische und deutsche Operntugenden zu vermählen, gemäß seiner Überzeugung: »Deutsche Schule muß sein, das ist die erste Bedingung, aber italienische Leichtigkeit muß dazukommen.« Alles andere als schwerblütig, wenngleich nicht frei von sentimentalen Beimischungen, präsentiert sich auch Friedrich von Flotows Erfolgsoper »Martha oder Der Markt zu Richmond« (Wien 1847, Text von Friedrich Wilhelm Riese), die durch Rezitative im gefälligen Plauderton mit der Singspielpraxis reiner Sprechdialoge bricht.

Mit Richard Wagner betritt ein Komponist die Szene, der fast alle anderen Repräsentanten der deutschen Oper des 19. Jahrhunderts aus dem Blickfeld drängt. Mit der schon zu Lebzeiten enormen Resonanz auf seine Bühnenwerke setzt ein förmlicher Wagner-Kult ein, dessen musikalische und außermusikalische Erscheinungsformen die Opernwelt bis heute beschäftigen.

Richard Wagners Ausnahmestellung unter den Komponisten des 19. Jahrhunderts gründet sich nicht allein auf sein musikalisches, sondern auch auf sein dichterisches Schaffen. Wagner ist sein eigener Librettist und Verfasser einer Vielzahl von Essays, Polemiken, Novellen und musiktheoretischen Schriften. Seine ersten Bühnenwerke, »Die Hochzeit« (Fragment) und »Die Feen«, schreibt er als Chordirektor in Würzburg (1833/34). Die weitere Laufbahn führt ihn als Kapellmeister u. a. nach Magdeburg (»Das Liebesverbot« 1836, Text nach Shakespeares »Maß für Maß«) und nach Riga, doch eine Theaterpleite beendet sein dortiges Engagement, und Wagner, hochverschuldet, flieht per Schiff nach London und weiter nach Paris. Hier entstehen »Rienzi« und – noch unter dem Eindruck der stürmischen Seereise – »Der fliegende Holländer«.

Ludwig II., König von Bayern, als Schwanenritter in einer zeitgenössischen Zeitungskarikatur

Der Markusplatz in Venedig: Bühnenbildentwurf zur Oper »Catarina Cornaro« von Franz Lachner (München 1841); als Kapellmeister am Hoftheater und Generalmusikdirektor (seit 1856) steht Lachner an der Spitze des Münchner Musiklebens, bis ihm 1864 in Richard Wagner ein übermächtiger Konkurrent entsteht, der die besondere Gunst des Königs genießt.

»Diese Tränen himmlischer Rührung sende ich Ihnen, um Ihnen zu sagen, daß nun die Wunder der Poesie wie eine göttliche Wirklichkeit in mein armes, liebebedürftiges Leben getreten sind! – Und dieses Leben, sein letztes Dichten und Tönen gehört nun Ihnen, mein gnadenreicher junger König: verfügen Sie darüber als über Ihr Eigentum!«

Wagners Dank an Ludwig II., der ihm am 3. Mai 1864 mitteilen läßt, daß er ihn fortan großzügig unterstützen wird

Das 1876 eingeweihte Festspielhaus in Bayreuth. Eine Bayreuther Besonderheit ist das unsichtbare Orchester: Ein ›Deckel‹, der den tiefen Orchestergraben überwölbt, sorgt für einen dunklen, von vielen als mystisch empfundenen Orchesterklang. Zum Bayreuther Klangerlebnis gehören auch die eigens für den »Ring des Nibelungen« konstruierten Wagner-Tuben: tiefe Blechblasinstrumente mit Waldhornmundstück.

»Rienzi, der Letzte der Tribunen« erlebt 1842 eine glänzende Uraufführung in Dresden, wo Wagner im Jahr darauf den zunächst weniger erfolgreichen »Holländer« herausbringt und das Amt eines Hofkapellmeisters übernimmt. Nach der Revolution von 1848/49 und den Aufständen in Dresden, an denen er sich als persönlicher Freund und Anhänger Michail Bakunins beteiligt, muß Wagner Sachsen verlassen. Steckbrieflich gesucht, verbringt er die folgenden Jahre überwiegend in der Schweiz.

Eine grundlegende Änderung seiner finanziell desolaten Lage tritt 1864 ein, als König Ludwig II. von Bayern, ein glühender Verehrer des »Lohengrin« (Weimar 1850), Wagner und seine Opernpläne mit enormen Geldzuwendungen unterstützt.

Vier Jahre nach der Grundsteinlegung wird 1876 das

Giuseppe Siboni als »Fernand Cortez« in Spontinis gleichnamiger Oper (deutschsprachige UA Wien 1812)

Tannhäuser-Figurine von Josef Flüggen (Bayreuth 1891)

Festspielhaus in Bayreuth mit »Der Ring des Nibelungen« eingeweiht, ein Ereignis, das weltweite Beachtung findet, aber ein so großes Defizit hinterläßt, daß die nächsten Festspiele erst 1882, im Jahr vor Wagners Tod, stattfinden können; bei dieser Gelegenheit erklingt »Parsifal« zum ersten Mal. Seither behaupten sich die bis 1914 in etwa zweijährigem Turnus, danach unregelmäßig und seit 1951 wieder jährlich stattfindenden Bayreuther Festspiele als musikalisches und gesellschaftliches Ereignis ersten Ranges.

Dem von Giacomo Meyerbeer ins Pomphafte gesteigerten Klassizismus Gasparo Spontinis, dessen »Fernand Cortez« (1809) ihm zum unmittelbaren Vorbild wird, eifert Wagner in dem von ihm selbst als »große tragische Oper« bezeichneten »Rienzi« nach. Mit »Der fliegende Holländer« (Dresden 1843), »Tannhäuser und der Sängerkrieg auf der Wartburg« (Dresden 1845) und »Lohengrin« folgen drei explizit

Grace Bumbry als Venus in Wieland Wagners Inszenierung des »Tannhäuser« von 1961, 100 Jahre nach dem Eklat der Pariser Erstaufführung. Die Presse feiert das Debüt der »schwarzen Venus« als Sensation, Aufsehen erregt auch Maurice Béjarts Choreographie.

»romantische« Opern, deren Thematik bereits um die zentrale Idee der späteren Werke kreist: Erlösung durch Liebe, Entsagung oder Tod.

Mit »Tristan und Isolde« (München 1865) bewegt sich Wagner im Grenzbereich der Tonalität; fast seismographisch zeichnen seine kühnen Harmonien die Seelenzustände des Protagonistenpaares nach, Leitmotive schlüsseln die inneren Zusammenhänge zusätzlich auf. Das Drama verlagert sich in die Musik, vordergründige Aktion findet in der schlicht »Handlung in drei Akten« genannten Oper kaum noch statt. Nachdem man das Werk in Wien nach 77 Proben als unspielbar zurückgewiesen hat, ermöglicht Ludwig II. die Uraufführung an der Münchner Hofoper, wo sich drei Jahre später auch für »Die Meistersinger von Nürnberg« erstmals der Vorhang hebt. In dieser von weihevollem Ernst durchdrungenen Komödie vor der Kulisse des spätmittelalterlichen Nürnberg geht es wieder um Liebe und Entsagung, vor allem jedoch um den Konflikt

Johanna Jachmann-Wagner als Ortrud in »Lohengrin« (Berlin 1859)

Ludwig Schnorr von Carolsfeld als Lohengrin. Der Heldentenor singt auch – zusammen mit seiner Frau Malwina – die Uraufführung von »Tristan und Isolde«.

Nach ihrem Bayreuther Debüt im Jahr 1954 wird Birgit Nilsson zur weltweit begehrtesten Wagner-Interpretin im hochdramatischen Fach; als Isolde steht sie häufig zusammen mit dem Tenor Wolfgang Windgassen auf der Bühne.

Illustration von Michael Echter nach der Uraufführung der »Meistersinger« am Königlichen Hof- und Nationaltheater in München

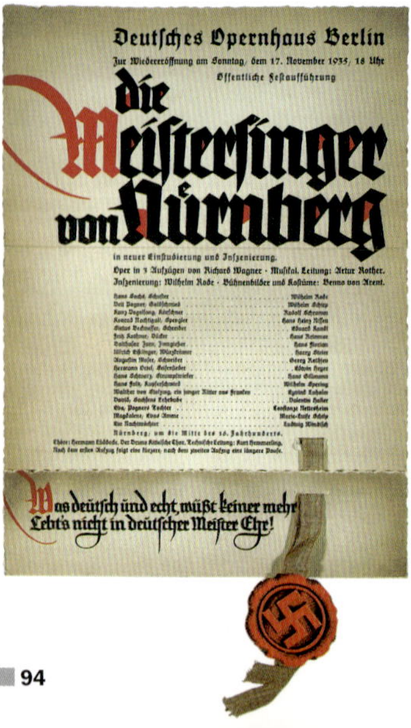

Eine Meistersinger-Aufführung im Dritten Reich: Das Plakat zeigt die totale Vereinnahmung Wagners durch das NS-Regime. Adolf Hitler ist ein enger Freund der Wagner-Nachfahren, ständiger Gast der Bayreuther Festspiele und stolzer Besitzer der (heute verschollenen) Originalpartitur des »Rienzi«.

Frau im Gefolge Gutrunes: Figurine von Carl-Emil Doepler (»Walküre«, Bayreuth 1876)

Der Bühnenbildner Max Brückner und sein Bruder Gotthold unterhalten in Coburg ein großes, nahezu weltweit operierendes Atelier, das auch die Wagner-Inszenierungen in Bayreuth ausstattet. Brückners naturalistische Dekorationen bleiben dort jahrzehntelang in Gebrauch, obwohl sie Wagners Vorstellungen von einem »unsichtbaren Bühnenbild« als Äquivalent zum »unsichtbaren Orchester« nicht ganz entsprechen. Was ihm vorschwebt, sind Dekorationen, die »nur als schweigend ermöglichender Hintergrund und Umgebung einer charakteristischen Situation mitwirken«.

des schöpferischen Menschen in einer auf Anpassung bedachten Welt: ein Künstlerdrama, das zur deutschen Nationaloper schlechthin geworden ist.

Wagners Hauptwerk ist »Der Ring des Nibelungen«, bestehend aus einem Vorabend in vier Szenen (»Das Rheingold«, München 1869) und drei weiträumig angelegten Dreiaktern (»Die Walküre«, München 1870; »Siegfried«, München 1870; »Götterdämmerung«, Bayreuth 1876) mit einer Aufführungsdauer von insgesamt rund 16 Stunden. Die Aufführung des »Rings« im eigens dafür errichteten Festspielhaus verwirklicht einen Teil der Wagnerschen Utopie von einem Gesamtkunstwerk der Zukunft, »das alle Gattungen der Kunst zu umfassen hat, um jede einzelne dieser Gattungen als Mittel gewissermaßen zu verbrauchen, zu vernichten zu Gunsten der Erreichung des Gesamtzwecks *aller*, nämlich der unbedingten, unmittelbaren Darstellung der vollendeten menschlichen Natur ...«

Erstmals komplett erklingt die »Ring«-Tetralogie an den

Autogrammkarte von Lauritz Melchior als Siegmund bei den ersten Bayreuther Festspielen nach dem Ersten Weltkrieg (»Walküre« 1924)

Der dänische Tenor Lauritz Melchior, dessen Portrait sogar Zigaretten-Sammelbildchen schmückt, wird zum Weltstar und macht später auch in Hollywood Karriere, wo er in einigen Musikfilmen mitwirkt.

Hedwig Reicher-Kindermann als Brünnhilde (»Ring«-Tournee 1882); Kopfputz und Helm verraten die Nähe zum Wilhelminismus.

Tagen des 13. bis 17. August 1876 anläßlich der Eröffnung der ersten Bayreuther Festspiele. Das aus der Edda und dem Nibelungenlied, Schopenhauerscher Philosophie und anarchistischem Gedankengut gespeiste Epos, das mit Siegfrieds Tod und dem Weltenbrand der »Götterdämmerung« endet, ist bis heute Gegenstand zahlloser Deutungsversuche, die, in welche Richtung sie auch gehen, die ungebrochene Aktualität des Wagnerschen Musikdramas unterstreichen.

Ist der »Ring« in seiner mythologisierenden Kritik an einer vom Machthunger zerfressenen Gesellschaft durchaus politisch zu verstehen, so stößt Wagner mit »Parsifal«, den er selbst als Schlußstein seines Schaffens betrachtet, in religiöse Dimensionen vor. Allerdings scheint die nach Motiven des Artus-Sagenkreises gestaltete Erlösungsthematik, obwohl mit christlicher Sym-

Bühnenbild-Entwurf zur »Götterdämmerung« (Wildermann, Köln 1912)

bolik reich unterlegt, weniger eine Interpretation aus theologischer als aus sexualpsychologischer Sicht nahezulegen. Das musikalische Vermächtnis des »Parsifal« liegt vor allem in der über weite Strecken herben Chromatik des mittleren Akts, die stark auf die Arbeit nachfolgender Komponistengenerationen abfärbt.

Von Wagner ausschließlich für Bayreuth bestimmt, wird das »Bühnenweihfestspiel« nach Ablauf einer dreißigjährigen Schutzfrist in aller Welt nachgespielt; vereinzelt ist es auch schon vorher in unautorisierten Aufführungen zu sehen, u. a. in New York 1903 sowie konzertant bereits 1884 in London. In Bayreuth bleibt die Erstinszenierung des »Parsifal« 50 Jahre lang unverändert auf dem Spielplan; nach dem Zweiten Weltkrieg vollzieht der Wagner-Enkel Wieland Wagner mit seiner damals als umstürzend modern empfundenen Neuinszenierung eine radikale Abkehr vom historisierenden Ausstattungsideal des 19. Jahrhunderts. Zentrale Gestaltungsmittel von ›Neu-Bayreuth‹ sind die ovale Scheibe als Spielfläche und eine effektvolle Lichtregie.

Martha Mödl, die erste Kundry (»Parsifal«) im Bayreuth der Nachkriegszeit, triumphiert auch als Brünnhilde. Im Mezzo-Fach ist sie eine gefeierte Klytämnestra (»Elektra« von Richard Strauss); als 80jährige gibt sie 1992 noch einmal die Gräfin in Tschaikowskys »Pique Dame«.

Klingsor-Figurine von Ewald Dülberg (»Parsifal«, Hamburg 1914)

Luigi Cherubini, als Komponist wie als langjähriger Direktor des Pariser Konservatoriums eine künstlerische Autorität ersten Ranges, schreibt neben Opern auch Kammermusik und geistliche Kompositionen (»Requiem« 1816); zu seinen Bewunderern gehören Komponisten wie Ludwig van Beethoven und Johannes Brahms.

Opéra comique und Grand Opéra im 19. Jahrhundert

In der auf Aristoteles zurückgehenden Hierarchie der Theatergattungen steht die Komödie zwischen Tragödie und Farce. Die Opéra comique um 1800 hält sich nicht daran. Stoffwahl und Darstellung umfassen Komisches und Schreckliches, die Opernbühne wird zum Experimentierfeld für rührselige und pathetische, für zeitlose wie zeitgebundene Sujets. Daß die Dialoge nicht gesungen, sondern gesprochen werden – das gemeinsame Merkmal aller Opéras comiques – bringt die Oper wieder der ›Komödie‹, d. h. dem Theater im ursprünglichen Sinne, näher. Aber es bleibt eine gewisse Sehnsucht nach den musikalisch durchgeformten Gesamtkunstwerken der Vergangenheit und dem Glanz von Opera seria und Tragédie lyrique, aus deren Tradition heraus sich schon bald nach der Jahrhundertwende die aufwendige *Grand opéra* Spontinis, Aubers und Meyerbeers entwickelt.

Mit »Lodoïska« (1791, Text von Claude-François Fillette-Loraux) und »Médée« (1797, Text von François Benoit Hoffmann nach Pierre Corneille und Euripides) trägt Luigi Cherubini, der spätere Direktor des weltberühmten Pariser Konservatoriums, wesentlich zum Fortschritt der Opéra comique bei. Die Geschichte der Befreiung des Mädchens Lodoïska, das vom dämonischen Ritter Dourlinski gefangengehalten wird, ist der

Klassizistischer »Medea«-Bühnenbildentwurf von Antonio Pian und Norbert Bittner (Wien 1812)

Prototyp der in der Revolutionszeit hoch in Kurs stehenden Rettungsoper und damit eines der entscheidenden Vorbilder für Beethovens »Fidelio«. Der umjubelten Premiere (18. Juli 1791) folgen innerhalb weniger Monate Hunderte Aufführungen im In- und Ausland. International ist auch das Echo auf »Médée«, in der Cherubini eine bis dahin kaum gehörte Umsetzung psychologischer Vorgänge in Musik gelingt; die Ouvertüre schlägt – auch dies eine Parallele zu »Fidelio« – den Ton französischer Revolutionsmusik an. Die 1855 von Franz Lachner geschaffene Bearbeitung mit auskomponierten Rezitativen und italienischer Textfassung verfremdet »Medea« zur Grand Opéra. Trotzdem wird überwiegend auf diese Fassung zurückgegriffen, seit »Medea« nach langer Vergessenheit wieder als Prüfstein aller Primadonnen nach Maria Callas, deren Paraderolle Medea war, im Repertoire zahlreicher Häuser vertreten ist.

Als der neben Cherubini bedeutendste Vertreter der französischen Oper um 1800 gilt Etienne-Nicolas Méhul, dessen biblische Oper »Joseph« (1807, Text von Alexandre Duval) in ihrer feierlichen Gemessenheit das Glucksche Erbe weiterführt. Mit der Tragédie lyrique »La

François-Adrien Boieldieu, Komponist von knapp 30 Opéras comiques; seine »La dame blanche« (Paris 1825, Text von Scribe) wird ein Welterfolg; Boieldieu lebt von 1804 bis 1811 als Hofkomponist und Leiter der französischen Oper in St. Petersburg.

Henriette Sontag (links unten) als Anna in Boieldieus »Die weiße Dame« (Wien 1826); die in Paris und Wien gefeierte Primadonna ist Webers erste Euryanthe. In späteren Jahren tritt sie auch in New York auf, wo schon Jahrzehnte vor der Eröffnung der Metropolitan Opera (1883) ein reger Opernbetrieb herrscht. Zeitgenossen rühmen ihren lupenreinen Koloraturgesang und die Schönheit ihrer äußeren Erscheinung.

Daniel François Esprit Auber, Verfasser von rund 70 Opern, überwiegend auf Libretti von Eugène Scribe; 1842 wird er Nachfolger Cherubinis als Direktor des Conservatoire.

Der Sänger Révial als Dimitri in Aubers »Lestocq ou L'intrigue et l'amour« (Paris 1834, Text von Scribe)

Vestale« (1807, Text von Victor Joseph Etienne de Jouy) knüpft auch Gasparo Spontini bei Glucks französischen Opern an. Richtungsweisend wird »Die Vestalin« durch ihre die Grand opéra vorwegnehmende Stilmischung aus italienischer Belcanto-Kunst und französischer Strenge, gepaart mit raffinierter Instrumentation und opulenter Ausstattung. Kaiserin Joséphine setzt sich persönlich für das Werk ein; 1810 wird es als beste Oper des Jahrzehnts prämiert, Spontini ist ein gemachter Mann.

Engültig vollzogen ist der Schritt zur Grand opéra mit »La Muette de Portici« von Daniel François Esprit Auber (Paris 1828). Die ungeheure Bühnenwirksamkeit dieser Oper, deren stumme Titelheldin von einer Ballerina verkörpert wird, ist dem Einfluß des routinierten Dramatikers Eugène Scribe zu verdanken. Scribe, ein Metastasio des bürgerlichen Zeitalters, ist der bevorzugte Textlieferant der französischen Bühnen des 19. Jahrhunderts. Seine Schreibwerkstatt, in der zahlreiche Co-Autoren mitarbeiten, produziert rund 400 Theaterstücke und Libretti. Am 25. August 1830 wird »Die Stumme von Portici« an der Brüsseler Oper aufgeführt. An der historisch belegten Handlung – 1647 erheben sich neapolitanische Fischer gegen die

Der gebürtige Berliner Giacomo Meyerbeer (Jakob Meyer Beer) geht 1816 nach Italien und macht dort mit sechs italienischen Opern auf sich aufmerksam. Einer Einladung nach Paris folgend, komponiert er dort »Robert le diable« (1831, Text von Scribe und Germain Delavigne), seine erste Große Oper; 1842 wird er Nachfolger Spontinis in Berlin. Mit seinem Festspiel »Ein Feldlager in Schlesien« (Text von Scribe und Ludwig Rellstab) wird 1844 das im Jahr zuvor abgebrannte Berliner Opernhaus wiedereröffnet.

spanischen Herren – entzündet sich das belgische Nationalgefühl. Noch vor Schluß der Oper (mit dem spektakulären Ausbruch des Vesuvs als Höhepunkt) strömen die Zuschauer auf die Straße und fordern die Unabhängigkeit von den Niederlanden. Die Revolution nimmt ihren Lauf, zwei Monate später ist die Abspaltung vollzogen, und Belgien wird ein souveräner Staat.

Die sonst üblichen Liebesverwicklungen geraten in der Grand opéra mehr und mehr an den Rand des Geschehens. Handlungsbestimmend sind historisch-politische Momente, die zu effektvollen Massenszenen einladen und schon von daher einen erhöhten orchestralen und inszenatorischen Aufwand erfordern. Giacomo Meyerbeer verlangt darüber hinaus gesangstechnische Leistungen, die nur von Ausnahmestimmen erbracht werden können. Das hat dazu geführt, daß seine Opern auf den Bühnen von heute selten geworden sind. (Eine vielbeachtete »Hugenotten«-Inszenierung gelang allerdings John Dew an der Deutschen Oper Berlin 1987).

»Les Huguenots« (Paris 1837, Text von Eugène Scribe und Emile Deschamps) und »Le prophète« (Paris 1849, Text von Scribe) greifen auf historische Ereignisse des 16. Jahrhunderts zurück: Mit der Ermordung der Hugenotten in der Bartholomäusnacht endet die erste Oper, die zweite schildert den Untergang der Münsteraner Wiedertäufer in den Trümmern eines explodierenden Schlosses – Schreckensszenarien, deren Wirkung sich im wohldosierten Wechsel mit lyrischen Episoden und den für die französische Oper typischen Romanzen voll entfaltet. Daß die weibliche Hauptrolle (Fides) einer tiefen Frauenstimme zugewiesen ist

Sophie Löwe als Isabella in Meyerbeers »Robert der Teufel« (Wien 1833)

Die schwedische Sopranistin Jenny Lind singt die »Vielka« (Neufassung von »Ein Feldlager in Schlesien«, Wien 1847) schon bei der Uraufführung in Berlin. 1849 beendet sie ihre Opernkarriere und tritt nur noch in Konzerten auf; 1850 unternimmt sie eine Amerikatournee mit 150 Konzerten.

Frieda Hempel als Königin in Meyerbeers »Hugenotten«; die gebürtige Leipzigerin ist ein Star an der New Yorker Met, der sie von 1912 bis 1920 angehört.

(Vorbild für die Figur der Azucena in Verdis »Troubadour«) und daß bei der Premiere erstmals das elektrische Licht einer Bogenlampe zum Einsatz kommt, sind zwei operngeschichtlich interessante Nebenaspekte von »Le prophète«.

Ihren größten Triumph feiert die französische Oper des 19. Jahrhunderts abseits der Grand opéra und zunächst auch nicht in Frankreich: »Carmen« von Georges Bizet, eine Opéra comique mit tragischem Ausgang (1875, Text von Henri Meilhac und Ludovic Halévy). Nach der erfolglosen Uraufführung in der Salle Favart wird sie von Ernest Guiraud mit Rezitativen ausgestattet und erlebt in dieser Form, wenige Monate nach Bizets Tod, in Wien eine spektakuläre Erstaufführung in deutscher Sprache. Nach Paris zurückgekehrt, beginnt »Carmen« – nun als ›große Oper‹ – ihren unaufhaltsamen Siegeszug. Der Realismus der Milieu- und Personenschilderung rückt das Werk in die Nähe des späteren italienischen *verismo*, wobei es fast an ein Wunder grenzt, daß das so berückende spanische Lokalkolorit (*couleur locale*) von einem Komponisten eingefangen wurde, der niemals in Spanien war.

Die Altistin Pauline Viardot-Garcia ist die Fides der Pariser Uraufführung von »Der Prophet« und singt u. a. auch die Titelheldin in »Sapho«, der ersten Oper von Charles Gounod (Paris 1851, Text von Émile Augier).

Die Mezzosopranistin Maria-Felicia Malibran, Schwester von Pauline Viardot, singt die »Maria Stuarda« in der gleichnamigen Oper von Gaetano Donizetti bei der Mailänder Uraufführung 1835. Die eigentlich vorgesehene Premiere in Neapel fand, nachdem die bei der Generalprobe anwesende Königin einen Ohnmachtsanfall erlitten hatte, auf Druck der Zensur mit verändertem Libretto und unter neuem Titel statt (1834, Text von Giuseppe Bardari nach Schiller).

Theaterbrand (anonymes Gemälde) – ein Schicksal, das etlichen Theatern widerfährt, solange dort mit offenem Licht gearbeitet wird. Erst mit dem Einzug der Elektrizität wird eine gefahrlose Beleuchtung möglich.

Die ehrwürdige Pariser Académie Royale geht 1763 in Flammen auf, 1776 brennt das Mailänder Teatro Regio Ducale nieder, 1817 das Berliner Schauspielhaus, 1823 das kaum fünf Jahre alte Münchner Nationaltheater, 1843 wütet ein Brand in Berlins 100 Jahre alter Lindenoper. 1836 zerstört ein Feuer das 1792 als Nachfolgebau des ebenfalls abgebrannten Teatro San Benedetto errichtete Teatro La Fenice, Venedigs größtes Opernhaus; zweimal, nämlich 1808 und 1856, wird das Londoner Opernhaus Covent Garden ein Raub der Flammen. Die 1841 von Gottfried Semper erbaute Dresdner Oper, Schauplatz mehrerer Wagner-Uraufführungen, muß nach einem Brand im Jahr 1869 bis zur Fertigstellung des neuen, gleichfalls von Semper entworfenen Hauses für neun Jahre in einen Behelfsbau ausweichen, im Volksmund »Bretterbude« genannt.

1881 sterben fast 400 Menschen beim Brand des Ringtheaters in Wien. Ursache ist verpuffendes Gas, das die Bühnendekorationen in Flammen setzt; von den Musikern im Orchester überlebt kaum einer die Katastrophe. Der Einbau eines Eisernen Vorhangs zwischen Bühne und Zuschauerraum wird fortan in allen großen Theatern zur Pflicht.

»Carmen«: Bühnenbildentwurf von Max Brückner (1880/81)

Escamillo-Figurine (»Carmen«) von Josef Fenneker (Berlin 1949)

Richard Wagner ist in Frankreich eine Reizfigur – den »Tannhäuser« zieht er nach drei Pariser Vorstellungen zurück, weil eine lärmende Konterclaque die Aufführung erfolgreich torpediert –, doch die Begegnung französischer Komponisten mit seiner Musik bleibt nicht ohne Folgen. Schon Bizet wird unsinnigerweise des *wagnérisme* geziehen, weil er Leitmotive benutzt, ebenso Camille Saint-Saëns, der zwar ein großer Wagner-Bewunderer, aber als Komponist ganz und gar eigenständig ist, wie das zunächst als Oratorium konzipierte Meisterwerk »Samson et Dalila« beweist (1877, Text von Ferdinand Lemaire). Einzig Ernest Chaussons postum uraufgeführter »Le Roi Arthus« (Brüssel 1904, Text vom Komponisten) steht völlig im Bann der Wagnerschen Musikdramen, was jedoch der Qualität dieser thematisch und musikalisch mehr an »Tristan und Isolde« als an »Parsifal« orientierten Oper keinen Abbruch tut.

Auch der mit Chausson befreundete Claude Debussy beginnt als Wagnerianer, doch ihm

»Wenn ein so mächtiges, dominierendes Genie wie Richard Wagner in der Welt erscheint, geht von ihm ein solches Leuchten aus, daß nach ihm eine Art Dunkelheit folgt. Daher die allgemeine Unsicherheit, tastende Versuche nach allen Richtungen, um diesem überwältigenden Glanz zu entkommen, der jeden Weg zu versperren scheint.«

Ernest Chausson

Eine Spitzenstellung nimmt Wagner auch als einer der meistkarikierten Komponisten überhaupt ein.

gelingt es, mit »Pelléas et Mélisande« (1893, UA 1902) aus Wagners Schatten herauszutreten und der französischen Musik eine neue Orientierung zu geben. Debussys Instrumentationskunst ist ohne Beispiel in der damaligen Zeit. Seine Orchestersprache überführt die Wagnersche Leitmotivtechnik in eine subtile Klangfarbendramaturgie, deren »präzise Unbestimmtheit« (Helmut Schmidt-Garre) den zugrundeliegenden, symbolistisch verrätselten Schauspieltext von Maurice Maeterlinck auf vielfältige Weise nuanciert; die im Sprachduktus dahinfließenden Gesangspassagen werden – in Anspielung auf Wagners ›unendliche Melodie‹ – gern als ›unendliches Rezitativ‹ apostrophiert. Die nur wenig gekürzte, ansonsten aber textgetreue Vertonung der Vorlage macht Debussys *drame lyrique* zum direkten Vorläufer der sogenannten Literaturoper des 20. Jahrhunderts.

Als Gegenreaktion auf die inhaltliche und auch formale Vermischung von Grand opéra

Camille Saint-Saëns, in seinem Heimatland als »unverbesserlicher Wagnerianer« mißverstanden, bringt »Samson und Dalila« auf Vermittlung seines Freundes Franz Liszt am Weimarer Hoftheater heraus. Erst 13 Jahre später findet die erste Aufführung in Frankreich statt. Die mit kontrapunktischen und harmonischen Finessen reich ausgestattete Partitur verrät die Handschrift des in allen Gattungen der Instrumentalmusik bewanderten Komponisten.

Claude Debussy wandelt in »Pelléas et Mélisande« auf den Spuren des durchkomponierten, (leit-)motivisch in sich verflochtenen Musikdramas Richard Wagners, doch er vermeidet dessen Pathos.

und Opéra comique, wie sie das Beispiel »Carmen« zeigt, läßt sich das Aufblühen der *opéra bouffe* bzw. Operette um die Mitte des 19. Jahrhunderts erklären. Der unübertroffene Meister des neuen alten Genres in der Tradition der Vaudevilles des 18. Jahrhunderts ist Jacques Offenbach. Spottlust und parodistische Zeitkritik, verpackt in zündende Melodien (*couplet/chanson*) und garniert mit kessen Tanzeinlagen (*cancan*), sind die Hauptzutaten der Stücke in Offenbachs Theater »Bouffes Parisiens«. In den

Wilhelm Knaack als Hans Styx und Johann Nepomuk Nestroy als Jupiter in einer Wiener Aufführung von Jacques Offenbachs überaus erfolgreicher *Opéra féerie* »Orpheus in der Unterwelt« (»Orphée aux enfers«, Paris 1858, Text von Hector Crémieux)

aufwendigeren *opéras féeries* der späteren Jahre spielen Phantastik und Bühnenzauber eine wesentliche Rolle. Vieles davon fließt in Offenbachs Hauptwerk ein: »Les contes d'Hoffmann«, eine phantastische Oper nach Motiven aus Erzählungen von E. Th. A. Hoffmann (1881, Text von Jules Barbier).

»Hoffmanns Erzählungen«, wegen ihrer Nähe zur Operette häufig unterschätzt, sind nichts anderes als der Versuch, eine Oper über die Oper zu schreiben: Während als Nebenhand-

»Hoffmanns Erzählungen«: Giuliettas Palast in Venedig (Kolorierte Kohlezeichnung aus dem Uraufführungsjahr 1881). Offenbach hinterläßt bei seinem Tod eine nahezu komplette Niederschrift der Oper, nur die Instrumentierung ist noch nicht vollendet. Sein Freund Ernest Guiraud nimmt die notwendigen Ausarbeitungen vor und komponiert die Rezitative nach, jedoch fehlt bei der Uraufführung noch der sogenannte Giulietta-Akt.

lung zu den Rahmenakten eine Aufführung des »Don Giovanni« stattfindet, vollziehen sich die drei von Hoffmann in einem Berliner Weinkeller halluzinierten Zwischenakte als gekonnte Persiflagen auf die französische, die italienische und die deutsche Oper der Romantik; zusammen ergeben sie das Sittenbild einer Zeit, an deren inneren Widersprüchen Hoffmann, der romantische Künstler und Trunkenbold, zerbricht.

»Hoffmanns Erzählungen«: Olympia, die mechanische Puppe im Hause Spalanzanis (Max Bignens, Wien 1964)

Modest Mussorgski strebt in seinen Werken eine »Reproduktion des einfachen Gesprächs« an; Versstrukturen lehnt er ab. Der Versuch, lebendige Prosa abzubilden, wird richtungsweisend für die Oper des 20. Jahrhunderts.

Die Opern des Ostens

Die in der Opernwelt des 19. Jahrhunderts verbreitete Vorliebe für die Couleur locale ebnet auch Opernexporten aus Ländern ohne große Operntradition den Weg. Folklorismus, so er die Hörgewohnheiten nicht allzusehr verletzt, wird zum Erfolgsrezept. Der slawische Raum liefert besonders viele Werke, die sich auch außerhalb ihres jeweiligen Entstehungslandes behaupten und das internationale Repertoire der ›Nationalopern‹ bereichern. An erster Stelle ist Rußland zu nennen, wo Komponisten wie Alexei Werstowski und Michail Glinka die seit dem 18. Jahrhundert bestehende Dominanz ausländischer Konkurrenten überwinden. Zur Geburtsstunde der russischen Oper wird 1836 die Premiere von Glinkas »Ein Leben für den Zaren« (Text von Georgi von Rosen). Das ursprünglich nach der Figur des bäuerlichen Helden »Iwan Sussanin« betitelte Werk – eine Namensgebung, die auch den wenig zarenfreundlichen Machthabern des 20. Jahrhunderts besser gefiel – hat sich seit der St. Petersburger Uraufführung ständig im Repertoire gehalten, allerdings in wechselnden, politisch motivierten Bearbeitungen.

Musiker der nachfolgenden Generation setzen alles daran, sich aus der bei Glinka noch spürbaren Abhängigkeit von der italienischen, französischen oder deutschen Oper zu befreien. Überzeugend gelingt dies Modest Mussorgski mit dem als »musikalisches Volksdrama« bezeichneten »Boris Godunow« (St. Petersburg 1874, Text vom Komponisten nach einem Drama von Alexander Puschkin) und Alexander Borodin mit »Fürst Igor« (UA postum in St. Petersburg 1890, Text vom Komponisten), die durch den Rückgriff auf Themen und Gestalten der russischen Geschichte und die noch stärkere Betonung folkloristischer Elemente das Erbe Glinkas konsequent weiterführen. Die heute gebräuchlichen, von Strawinsky als »Meyerbeerisierung« verspotteten Bearbeitungen Nikolai Rimski-Korsakows lassen die in beiden Werken durchaus vorhandene Tendenz zur Grand opéra deutlicher hervortreten.

Thematisch ganz anders gelagert und musikalisch eher nach Westen ausgerichtet ist Peter Tschaikowskys »Eugen Onegin« (Moskau 1879, Text vom Komponisten nach einem Versroman von Puschkin). Tschaikowsky sagt, er brauche keine »Zaren, Zarinnen, Volksaufstände, Schlachten, Märsche«, und so komponiert er Szenen eines bürgerlichen Liebesdramas, dessen Akte jeweils eine der drei Hauptfiguren in den Mittelpunkt stellen. Die reizvolle Konzeption und einfühlsame Personenzeichnung haben »Eugen Onegin« im Ausland schnell beliebt gemacht. Charakterisierungskunst ist auch ein Merkmal der in klassischer Spannungsdramaturgie um das Geheimnis einer alten Gräfin und dreier Spielkarten aufgebauten »Pique Dame« (St. Petersburg 1890, Text von Modest Tschaikowsky nach einer Novelle von Puschkin), die mit folkloristischen Liedern und Tanzweisen, spukhaften Elementen und einer aparten Balletteinlage im Rokokostil aufwartet.

Der Bassist Fjodor Schaljapin in der Rolle des »Boris Godunow«, die er wie kein anderer Sänger des 20. Jahrhunderts geprägt hat (Wien 1927)

Peter Tschaikowskys Schaffen steht vermittelnd zwischen der nationalrussischen Musik, wie sie von der Petersburger »Gruppe der Fünf«, der auch Mussorgski und Borodin angehören, propagiert wird, und der auf den Westen fixierten Musikrichtung, wie sie am Moskauer Konservatorium vorherrscht.

In den böhmischen Ländern der Donaumonarchie ist das Tschechische bis zum Jahr 1897 keine gleichberechtigte Sprache neben dem Deutschen, obwohl eine neutschechische Schriftsprache und Literatur längst existiert. Eine ihr adäquate Musik zu schaffen, ist das Ziel der meisten tschechischen Komponisten, es wird sogar ein Wettbewerb für eine tschechische Nationaloper ausgeschrieben. Diese Bestrebungen gipfeln schließlich in der Errichtung des Prager Nationaltheaters, das am 11. Juni 1881 mit Bedřich Smetanas »Libussa« (Text von Josef Wenzig) eröffnet wird. Patriotisch grundiertes Lokalkolorit und ein Stoff aus der Geschichte – in »Libussa« ist es der Gründungsmythos Prags – kennzeichnen schon Smetanas Opernerstling und erfolgreichen Wettbewerbsbeitrag »Die Brandenburger in Böhmen« (1866, Text von Karel Sabina); mit »Dalibor« (1868, Text von Wenzig) folgt ein Werk, das in den Grundzügen der Handlung Beethovens »Fidelio« ähnelt, aber für eine ›Befreiungsoper‹ untypischerweise tragisch endet. Zum Welterfolg, der sich jedoch erst nach der Umarbeitung in einen Dreiakter mit auskomponierten Dialogen einstellt, wird die komische Oper »Die verkaufte Braut« (1866, Neufassung 1871, Text von Sabina).

Smetanas jüngerer Zeitgenosse Antonín Dvořák bedient sich in seinen insgesamt zehn Opern nicht ausschließlich national geprägter Themen. Seine beiden letzten Bühnenwerke sind dem Fundus gängiger Opernstoffe entnommen: »Armida« (1904, Text von Jaroslav Vrchlicky nach Tasso) ist eines der meistvertonten Sujets überhaupt, »Rusalka« (1901, Text von

Jaroslav Kvapil nach einem Volksmärchen) ist eine tschechische Bearbeitung des nicht zuletzt durch Opern von Hoffmann und Lortzing bekannten »Undine«-Märchens. Bei Dvořák freilich, obwohl er in der Orchesterbesetzung nicht über Wagners Musikdramen hinausgeht, ist die romantische Zauberwelt der Nixe Rusalka bereits in die Klangsphäre des Fin de siècle eingehüllt.

Folklorismus und Modernität, die sich schon bei Smetana und Dvořák nicht gegenseitig ausschließen, gehen im Werk späterer tschechischer Komponisten eine äußerst fruchtbare Verbindung ein, etwa bei Leoš Janáček (»Jenůfa« 1904, Text vom Komponisten nach einem Drama von Gabriela Preissová) oder auch in den Opern von Bohuslav Martinů, deren zwei (»Die Stimme des Waldes« 1935, »Komödie auf der Brücke« 1937) das kurzlebige Genre der Funk-Oper mitbegründen; für das Fernsehen schreibt Martinů »Die Hochzeit« (New York 1953, Text nach Nikolai Gogol).

Zu den Opern aus dem östlichen Mitteleuropa, die bereits im 19. Jahrhundert ins internationale Repertoire vordringen, gehört »Halka« von Stanisław Moniuszko (1854, Neufassung 1858, Text von Włodzimierz Wolski). Ihr Melodienreichtum läßt erkennen, warum man den Kom-

Die Sopranistin Rosa Morandi als Rosina in »L'oro non compra amore« von Marcos António da Fonseca Portugal (Paris 1815). Die 1804 in Lissabon uraufgeführte Oper des portugiesischen Hofkapellmeisters ist ein Beleg für die zu Beginn des 19. Jahrhunderts noch unangefochtene Stellung der italienischen Oper in Europa. Durch die Flucht des gesamten portugiesischen Hofes nach Brasilien, der sich dort vor Napoleon in Sicherheit bringt, erlebt die italienische Oper auch in Rio de Janeiro eine Blütezeit; sogar Kastraten werden aus Italien eingeschifft. Die Rückkehr des Hofes nach Europa im Jahr 1821 erfolgt ohne den erkrankten Hofkapellmeister; er stirbt 1830 in Rio de Janeiro.

ponisten gern einen ›polnischen Schubert‹ nennt. Aber Moniuszko schöpft auch das dramatische Potential der Geschichte um die Leibeigene Halka, die von einem Edelmann geschwängert und dann schmählich im Stich gelassen wird, gekonnt und ausgesprochen bühnenwirksam aus.

Gioacchino Rossini im Alter von 29 Jahren. Seinen ersten Opernauftrag hat er schon als 18jähriger in der Tasche, und er macht seine Sache so ausgezeichnet, daß er sich die nächsten 20 Jahre vor Arbeit nicht mehr retten kann – rund 40 Opern sind das Ergebnis, danach ist Schluß. Wohlhabend geworden, verschreibt er sich der Kochkunst – »Tournedos Rossini« ist sein bekanntetes Rezept – und stellt, von ein paar ›Alterssünden‹ (*Péchés de vieillesse*) abgesehen, das Komponieren ein.

Die italienische Oper im 19. Jahrhundert

Nach dem Triumph der »L'italiana in Algeri« (Venedig 1813, Text von Angelo Anelli), seiner elften Oper, wird Gioacchino Rossini von Domenico Barbaja unter Vertrag genommen, einem Opernunternehmer, der mit San Carlo in Neapel eines der größten und wichtigsten Opernhäuser Italiens gepachtet hat. Rossini muß dem Impresario jährlich zwei Opern liefern, nebenher komponiert er aber auch für andere Theater. So entstehen, manchmal im Abstand weniger Wochen, Opern wie am Fließband, darunter so meisterliche Arbeiten wie »Il barbiere di Siviglia« (Rom 1816, Text von Cesare Sterbini nach Beaumarchais), der trotz mißglückter Premiere die Vorgängerwerke Mozarts und Paisiellos nahezu vergessen macht. Rossinis Produktionsweise bringt es mit sich, daß er gelegentlich Teile aus früheren Opern in neue Werke übernimmt, für den »Barbier« z. B. wird ein

Der Bariton Giorgio Ronconi, Verdis »Nabucco«, als »Barbier von Sevilla« am Pariser Théâtre Italien.

und dieselbe Ouvertüre bereits zum dritten Mal nach »Aureliano in Palmira« (Mailand 1813) und »Elisabetta, regina d'Inghilterra« (Neapel 1815) verwendet.

Auf Anhieb erfolgreich ist »La Cenerentola« nach dem Aschenputtel-Märchen von Charles Perrault (Rom 1817, Text von Jacopo Ferretti), ein weiteres *dramma giocoso*, das dazu beiträgt, Europa in einen wahren Rossini-Taumel zu stürzen; nicht weniger euphorisch werden die Werke im Seria- oder *semiseria*-Stil begrüßt. Was Rossinis Opern aller Genres auszeichnet, ist ihre eingängige, niemals seichte Melodik und der rhythmisch geschmeidige, vor Energie förmlich vibrierende Orchestersatz; hinzu kommt eine Behandlung der Singstimme, die zwischen quasi natürlicher Deklamation und fast instrumentaler Künstlichkeit hin- und herschaltet, ohne die Sänger zu überfordern. Rossini unterbindet das als Erbe der Barock-Oper in Sänger-

Giuditta Pasta, eine der Königinnen des Belcanto, als »Tancrède«. Erst Maria Callas, die oft mir ihr verglichen wird, hat wohl ähnliche Höhen der Gesangskunst erreicht. Was beide Sängerinnen verbindet, ist der Versuch eines Comebacks nach dem Untergang ihrer Stimme. Pauline Viardot, eine Zeitgenossin der Pasta und wie sie eine gefeierte Primadonna, hat das fast tragisch zu nennende Resultat mit dem »Abendmahl« von Leonardo da Vinci verglichen: »Ein Wrack von einem Bild – aber es ist das größte Gemälde der Welt.« Vincenzo Bellini widmet der Pasta seine Oper »Norma«.

Constanze Tibaldi in der Titelrolle von »Tancredi« (Dresden 1825). Rossinis erste Opera seria (Venedig 1813, Text von Gaetano Rossi nach der gleichnamigen Voltaire-Tragödie) bietet mit der Hosenrolle des Helden eine überaus dankbare Altpartie.

Ein geschäftstüchtiger Impresario wie Barbaja ist der österreichische Tenor Angelo Neumann. Als Leiter eines reisenden Richard-Wagner-Ensembles, das erstmals den »Ring« außerhalb Bayreuths präsentiert, trägt er entscheidend zur Popularisierung von Wagners Werken in Europa bei.

Die Schwestern Giulia und Giuditta Grisi; die Sopranistin Giulia ist zwischen 1834 und 1849 als Primadonna gleichzeitig in Paris und London engagiert, wo sie vor allem in Opern von Donizetti und Bellini triumphiert; die jüngere Giuditta (Mezzo) singt den für sie geschriebenen Romeo bei der Uraufführung von Bellinis »I Capuleti ed i Montecchi«.

kreisen übliche Verzierungs(un)wesen, indem er das, was er an Verzierungen verlangt, genau notiert. Die spanische Sängerin Isabella Colbran, die er 1822 heiratet, beherrscht Rossinis Belcanto-Idiom perfekt. Als Interpretin der koloraturreichen Partien in Mezzo- oder Altlage hat sie großen Anteil am Erfolg seiner Opern, nicht zuletzt in Wien, wo Barbaja im Jahr 1821 die Leitung des Kärntnertortheaters und Theaters an der Wien übernimmt.

Abgesehen davon, daß er nach dem »Barbier« keinen Gebrauch mehr von cembalobegleiteten Rezitativen (Secco-Rezitativ) macht, gehört zu den wichtigsten Beiträgen, die Rossini zur Weiterentwicklung der italienischen Oper leistet, seine gleichermaßen kunstvolle wie leichthändige Ensembletechnik, die ungeheuer turbulente Szenen entstehen läßt, sowie die Verflechtung arioser und rezitativischer Elemente zu komplexen *scene ed arie*, die den gleichförmigen Wechsel von Rezitativ und Arie überwinden, ohne das Prinzip der Nummernoper aufzugeben. Dar-

Giulia Grisi als Norma

über hinaus gelingt es ihm, mit »Guillaume Tell« (Paris 1829, Text von Victor Joseph Etienne de Jouy und Hippolyte Louis Florent, nach Friedrich Schiller) entscheidend auf die Geschichte der Grand opéra einzuwirken und der italienischen Musik auch auf diesem Gebiet Geltung zu verschaffen.

»Wilhelm Tell«, Rossinis letztes Bühnenwerk, läutet die große Zeit der ›politischen‹ Oper ein, die im Werk Giuseppe Verdis und seinen direkten Auswirkungen auf die Einigung Italiens (*risorgimento*) kulminiert. Den politischen Sprengstoff eines »Wilhelm Tell« – schon damals ein Klassiker der Weltliteratur – sollte man nicht unterschätzen: Im Wien der Metternich-Zeit wird Rossinis Oper verboten, auch andernorts kommen Aufführungen nur unter Zensurauflagen zustande, die zu grotesken ›Umbesetzungen‹ der Titelrolle mit politisch genehmeren Helden führen (»Andreas Hofer« in Berlin und London, »Karl der Kühne« in St. Petersburg, »Rodolfo di Sterlinga« in Rom).

Gaetano Donizetti ist ein Zögling des Komponisten Johann Simon Mayr in Bergamo, wo unter Mayrs Leitung Musikstunden (*lezioni caritatevoli*) für begabte Kinder mittelloser Eltern abgehalten werden.

Daß Stoffe der Roman- oder Dramenliteratur veropert werden, ist keine Neuerung des 19. Jahrhunderts; neu ist nur das Tempo, mit dem die Oper auf literarische Strömungen reagiert. Zu den bevorzugten Sujets der italienischen romantischen Oper gehören Schauergeschichten (*gothic novels*) bzw. historische Romane wie die von Walter Scott, einem der meistgelesenen Autoren des

Fanny Tacchinardi-Persiani, hier als Adina in Donizettis »Liebestrank« (L'elisir d'amore), kreiert auch die erste »Lucia di Lammermoor«.

Jahrhunderts. Ein Paradebeispiel ist Gaetano Donizettis »Lucia di Lammermoor« (Neapel 1835, Text von Salvatore Cammarano nach Scott), die neben der für die Pasta geschriebenen »Anna Bolena« (Mailand 1830, Text von Felice Romani) einzige der rund 30 ernsten Donizetti-Opern, die sich neben den komischen bis heute gehalten hat. Von letzteren – insgesamt etwa 40 – sind es vor allem drei, die noch regelmäßig auf dem Spielplan stehen: »L'elisir d'amore« (Mailand 1832, Text von Felice Romani nach Eugène Scribe), »La fille du régiment« (Paris 1840, Text von Jules-Henri Vernoy de Saint-Georges und Jean-François Alfred Bayard) und »Don Pasquale« (Paris 1843, Text vom Komponisten und Giovanni Ruffini nach einer Vorlage von Angelo Anelli).

Die Opernerfolge Donizettis überstrahlen noch diejenigen Rossinis, was gewiß auch daran liegt,

Frieda Hempel und Enrico Caruso (rechts) in Donizettis »Liebestrank« (Berlin 1910)

daß Donizetti ›Sängeropern‹ par excellence schreibt. Effektvollere Partien als die Wahnsinnsszene der Lucia (dritter Akt), die allerdings enorme Anforderungen an die Koloraturfestigkeit der Sopranistin stellt, oder die in ihrer Anlage (*tessitura*) extreme Kavatine des Tonio (»Die Regimentstochter«, erster Akt) mit achtmal erklingendem hohem C sind kaum je geschrieben worden. Nicht weniger brillant sind die an Rossini geschulten Ensemblenummern, zumal in »Don Pasquale«, der den Geist der klassischen Commedia dell'arte ins 19. Jahrhundert hinüberrettet. Donizettis schärfster Konkurrent im internationalen Operngeschäft ist der etwas jüngere Vincenzo Bellini, auch er ein Genie des Belcanto; im Unterschied zu Donizetti schreibt er jedoch keine komischen Opern. Von den insgesamt elf Bühnenwerken des Frühverstorbenen sind vier noch heute oft zu hören: »I Capuleti e i Montecchi« (Venedig 1830, Text von Felice Romani), »La sonnambula« (Mailand 1831, Text von Romani nach einer Vorlage von Scribe), »Norma« (Mailand 1831, Text von Romani) und »I Puritani« (Paris 1835, Text von Carlo Pepoli nach Motiven des Romans »Old Morality« von Scott). Die Wahnsinnsarie der Elvira in den »Puritanern« ist das direkte Vorbild für die Lucia-Arie des Freundes und Rivalen Donizetti; Arthur, die männliche Hauptrolle, erklimmt Regionen hoch über dem hohen C. Ein Bewunderer von Bellinis elegischen, weit ausschwingenden Melodien – die berühmteste ist die Norma-Arie »Casta diva« – ist der junge Verdi. Nach dem Tod Bellinis und Donizettis übernimmt er die Führung auf dem Gebiet der italienischen Oper und erlangt eine nur mit Wagner vergleichbare Ausnahmestellung in der Musikgeschichte des 19. Jahrhunderts.

Vincenzo Bellini ist berühmt für seine ausladenden, auch von Verdi bewunderten Melodiebögen (»melodie lunghe, lunghe, lunghe«).

Giuseppe Verdis steinige, aber steil verlaufende Karriere beginnt erst, wie er selbst sagt, mit »Nabucco«, seiner dritten Oper (Mailand 1842, Text von Temistocle Solera). Mit ihr kann Verdi, obwohl er nach dem Tod von Frau und Kindern und dem unmittelbar darauffolgenden Debakel seiner komischen Oper »Un giorno di regno« (Mailand 1840, Text von Felice Romani) dem Komponieren eigentlich schon abgeschworen hat, den Erfolg seines Opernerstlings »Oberto« (Mailand 1839, Text von Antonio Piazza) wiederholen. Eine ganz bestimmte Textstelle ist es, von der er sich entgegen seiner ursprünglichen

Livia Gerhardt und Wilhelmine Pichl als Julia und Romeo in Bellinis »I Capuleti ed i Montecchi«. Anders als Shakespeare hat der Textdichter Romani die Figur des Tebaldo (Tybalt) nicht nur zum politischen Widersacher, sondern auch zu Giuliettas Bräutigam gemacht, um beider Rivalität noch zu verstärken.

Als erfolgreicher Komponist erwirbt Giuseppe Verdi ein großes Landgut, das er selbst bewirtschaftet; nicht ohne Stolz nennt er sich gern einen »Bauern aus Parma«.

Absicht zur Komposition des »Nabucco« inspirieren läßt: »Va pensiero, sull'ali dorate« (Flieg, Gedanke, auf goldenen Flügeln). Der auf diesen Vers geschriebene Chor der von Nabucco/Nebukadnezar in Babylonien gefangengehaltenen Hebräer wird gleichsam über Nacht zum musikalischen Banner der Unabhängigkeitsbewegung und zur heimlichen Nationalhymne. Für Italien ist Verdi eine Symbolfigur des Risorgimento, liest sich doch sein Name als Akronym des zum Oberhaupt eines geeinten Landes ausersehenen Königs von Sardinien: *V*ittorio *E*mmanuele *R*e *D'I*talia – Viva Verdi! wird zum politischen Kampfruf.

Die Jahre bis zu »Rigoletto« (Venedig 1851, Text von Francesco Maria Piave nach »Le roi s'amuse« von Victor Hugo) mit ihren vorwiegend historischen, die Freiheitsliebe und den Kampf gegen die Tyrannei propagierenden politischen Opern bilden Verdis erste Schaffensperiode. Seine Galeerenjahre nennt er diese Zeit, in der mehr als ein Dutzend Opern entstehen; packende Chorszenen sind eines ihrer hervorstechenden Merkmale. Die von längeren Unterbrechungen gekennzeichnete mittlere Periode umfaßt die acht Opern von »Il trovatore« (Rom 1853, Text von Salvatore Cammarano und Leone Emanuele Bardare nach einem Schauspiel von Antonio Garcia Gutiérrez) bis zu »Don Carlos« (Paris 1867, Text von François Joseph Méry und Camille du Locle nach Schiller); eine Zwischenstellung nimmt »Aïda« ein, der hochdotierte Kompositionsauftrag anläßlich der Eröffnung des Suezkanals (Kairo 1871, Text von Antonio Ghislanzoni). Den nicht nur für die Zeitgenossen verblüffenden Abschluß seines Schaffens bilden die beiden Alterswerke »Otello« (Mailand 1887, Text von Boito nach Shakespeare) und »Falstaff« (Mailand 1893, Text von Boito nach Shakespeare).

Enrico Caruso als Radames (»Aida«) in Berlin

Arrigo Boito und Giuseppe Verdi: Der Textdichter und Komponist von »Otello« und »Falstaff« bilden ein kongeniales Team, wie es in der Geschichte der Oper nach Da Ponte und Mozart nicht oft zusammenfindet. Boito ist selbst ein hochbegabter, doch ausgesprochen skrupulöser Komponist, der – neben wenigen anderen Werken – nur eine einzige Oper vollendet (»Mefistofele«, Mailand 1868); »Nerone«, sein Hauptwerk, bleibt Fragment (UA postum durch Arturo Toscanini in Mailand 1924); Boito tritt auch durch italienische Übersetzungen der Opern Richard Wagners hervor, was seine Annäherung an Verdi anfangs sehr erschwert.

Das belcantistische Ideal seiner Vorgänger hat für Verdi kaum noch Gültigkeit; Szenen und Arien im Stil Bellinis oder Donizettis weichen einer zunehmend komplex gegliederten, ungeheuer kontrastreichen Szenengestaltung, deren emotionale Dauerspannung keinen Stillstand der Handlung duldet, auch das längst baufällig gewordene Nummerngerüst bricht in der mittleren Schaffensperiode nach und nach zusammen. Der Wendepunkt in dieser Hinsicht ist »Macbeth« (Florenz 1847, Text von Piave nach Shakespeare), Verdis schwärzeste Oper, die, so unverkennbar die Schlafwandelszene der Lady Macbeth auch an die bekannten Wahnsinnsschilderungen anknüpft, mit den Werken des *romanticismo* nicht mehr viel gemein hat.

Der Bassist Tito Gobbi, ein häufiger Partner der Callas, als Held der Oper »Simone Boccanegra« (Venedig 1857, Text von Piave, Neufassung von Boito, Mailand 1881)

Obwohl er sich, halb widerstrebend, mit »Les vêpres siciliennes« (Paris 1855, Text von Scribe und Charles Duveyrier) der Grand opéra annähert und auch in Werken wie »La forza del destino« (St. Petersburg 1862, Text von Piave) auf monumentale Wirkungen, Massenszenen und Couleur locale keineswegs verzichtet, geht Verdis Ehrgeiz in eine andere Richtung: Einzelschicksale und differenzierte Charakterstudien – auch der Nebenfiguren – sind sein Metier. Die Mittel, deren er sich dazu bedient, sind eine auch grelle Klangeffekte einbeziehende Orchestersprache und die nicht minder expressive, doch stets wortgebundene Melodik, wirkungsvoll unterstützt vom unverwechselbaren rhythmischen Elan, der alle seine Opern durchpulst.

Keine Sängerin bekommt höhere Gagen: Adelina Patti ist der Superstar der italienischen Oper in der zweiten Hälfte des 19. Jahrhunderts; eine ihrer großen Rollen ist die der Violetta in Verdis »La Traviata« (Venedig 1853, Text von Piave nach Alexandre Dumas d. J.).

Adelaide Borghi-Mamo als Zigeunerin Azucena (»Il trovatore«)

Francesco Tamagno ist Verdis »Otello«

Das Destillat dieser Kunst, gewonnen aus der italienischen, aber auch der französischen Operntradition, stellt »Otello« dar, eine Partitur, die in ihrer Vielschichtigkeit und Modernität nur noch von der des vergleichsweise intim, fast kammermusikalisch konzipierten »Falstaff« übertroffen wird. Mit dieser Oper über den liebenswerten alten Schurken aus Shakespeares »The Merry Wives of Windsor« und »King Henry IV« schenkt der 80jährige Verdi, nachdem er sich ein halbes Jahrhundert lang nicht mehr an ein komisches Sujet gewagt hat, der Opernwelt eines ihrer kostbarsten Werke. Es endet mit einer Fuge, in der Verdis wohl erst mit der Weisheit des Alters erworbenes Motto erklingt: »Tutto nel mondo è burla« – alles ist Spaß auf Erden.

Der gehörnte Falstaff, gezeichnet von Lovis Corinth (1918)

»Der eine will Melodiker sein wie Bellini, der andere Harmoniker wie Meyerbeer. Ich möchte weder das eine noch das andere, und ich möchte, daß der junge Mensch, wenn er anfängt zu schreiben, niemals daran dächte, weder Harmoniker noch Melodiker, weder Realist noch Idealist, weder Futurist noch einer all jener Himmelhunde zu sein, die es mit diesen Pedanterien halten. Die Melodie und die Harmonie sollen nur Mittel in der Hand der Künstlers sein, um *Musik* zu machen, und wenn einmal der Tag kommt, an dem man nicht mehr von Melodie und von Harmonie, weder von deutschen noch italienischen Schulen, weder von Vergangenheit noch von Zukunft etc. etc. etc. spricht, dann wird vielleicht das Reich der Kunst beginnen.«

Giuseppe Verdi über die jungen Komponisten seiner Zeit (Brief vom 16. Juli 1876)

Letzter Vorhang für die Nummernoper – Aufbruch in die Moderne

Die Oper an der Schwelle zum 20. Jahrhundert profitiert von den Errungenschaften Wagners und Verdis, sie leidet aber auch an der Abhängigkeit von den großen Vorbildern. Nicht alle Komponisten der jüngeren Generation entrinnen der Gefahr des Epigonentums. Richard Strauss etwa, der sich in seinem Opernerstling »Guntram« (Weimar 1894, Text von Ernst Ludwig von Wolzogen unter Mitarbeit des Komponisten) als Wagnerianer reinsten Wassers präsentiert, schafft erst mit »Salome«, seiner dritten Oper, ein wirklich eigenständiges Werk. Als getreue Wagner-Adepten erweisen sich auch Engelbert Humperdinck mit »Hänsel und Gretel« (Weimar 1893, Text von Adelheid Wette) und Wilhelm Kienzl mit der etwas rührseligen, auf einem wahren Kriminalfall basierenden Oper »Der Evangelimann« (Berlin 1895, Text vom Komponisten), die lange Zeit ebenso erfolgreich war wie das bis heute als Kinder- bzw. Weihnachtsoper überaus populäre Märchenspiel von Humperdinck.

Während Komponisten wie Viktor Nessler (»Der Trompeter von Säckingen«, Leipzig 1884,

1900
Begründung der Psychoanalyse durch Siegmund Freud (»Traumdeutung«)
1917/18
Revolution in Rußland, Gründung der Tschechoslowakei und Jugoslawiens, Deutschland wird Republik.
1929
Weltwirtschaftskrise
1933
Adolf Hitler Reichskanzler
1938
Otto Hahn und Friedrich Straßmann entdecken die Kernspaltung
1945
Atombomben auf Hiroshima und Nagasaki
1947
Maria Callas debütiert in Italien.
1955
Erster künstlicher Erdsatellit im Weltall (»Sputnik«)
1980
Arbeiter bestreiken die Lenin-Werft in Danzig
1990
Wiedervereinigung Ost- und Westdeutschlands
1997
Die Schellackplatte feiert ihren 100. Geburtstag.

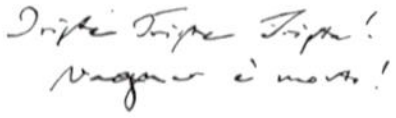

Am Tag nach Wagners Tod in Venedig (13. Februar 1883) schreibt Verdi seinem Verleger Giulio Ricordi: »Traurig, traurig, traurig! Wagner ist tot! … Ein Name, der eine übermächtige Spur in der Geschichte der Kunst hinterläßt.«

Engelbert Humperdinck lernt auf einer Reise nach Neapel Richard Wagner kennen, der ihn 1880 als Assistenten nach Bayreuth holt. »Hänsel und Gretel«, Humperdincks bekanntestes Werk, beherrscht das Repertoire der Kinderoper; an zweiter Stelle stehen Bearbeitungen der »Zauberflöte«. Die astronomischen Aufführungszahlen dieser beiden Werke, so erfreulich sie auf den ersten Blick erscheinen, belegen nur, wie einfallslos die Spielplangestalter heute um ihr Publikum von morgen werben. Alternativen gäbe es genug, z. B. die Kinderopern des Carl-Orff-Schülers Wilfried Hiller (u. a. »Der Goggolori«, München 1985, Text von Michael Ende), »Der 35. Mai oder Konrad reitet in die Südsee« von Violeta Dinescu (Mannheim 1986, Text nach Erich Kästner von Florian Zwipf und Ulrike Wendt) oder – zwei moderne Klassiker dieses Genres – »Wir bauen eine Stadt« von Paul Hindemith (1931, Text von Robert Seitz) und Benjamin Brittens »Der kleine Schornsteinfeger« (»Let's Make an Opera« bzw. »The Little Sweep«, Text von Eric Crozier, Aldeburgh 1949).

Text von Rudolf Bunge nach Viktor von Scheffel) oder Emil Nikolaus von Reznicek (»Donna Diana«, Prag 1894, Text vom Komponisten) an die romantische Oper vor Wagner wiederanknüpfen, wandelt Karl Goldmark (»Die Königin von Saba«, Wien 1875, Text von Salomon H. Mosenthal) in den Bahnen der glanzvollen Grand opéra Meyerbeerscher Prägung; in Paris feiert der Exotismus neuerlich Triumphe in Werken wie Léo Delibes »Lakmé« (1883, Text

Linke Seite: »Abends, will ich schlafen gehen, vierzehn Englein um mich stehen ...« – Wolkendekoration zu »Hänsel und Gretel« (Paul Oertel, Kassel 1895). Ursprünglich nur für den Hausgebrauch gedacht (»Ein Kinderstuben-Weihfestspiel«), erreicht die Märchenoper in drei Bildern nach zweimaliger Überarbeitung die Dimensionen eines halben Wagnerschen Musikdramas; den Text nach den Gebrüdern Grimm verfaßt Adelheid Wette, die Schwester des Komponisten. Die beiden Kinderrollen werden in der Regel mit Frauenstimmen, ausnahmsweise auch mit Knabensolisten besetzt; die Rolle der alten Hexe übernimmt gelegentlich ein Tenorbuffo. Der Sprechgesang im dritten Bild wird zum bestimmenden Stilmerkmal von Humperdincks Märchen-Melodram »Die Königskinder« (München 1897, Text von Ernst Rosmer [= Elsa Bernstein-Porges]), das 1910, zur ›Volloper‹ umgestaltet, in New York Premiere hat. Humperdincks ungefähre Sprechnotation wird u. a. von Arnold Schönberg aufgegriffen (»Pierrot lunaire« auf Gedichte von Albert Giraud, Berlin 1912).

»Lakmé«: Figurine der indischen Göttin Durga (Heinrich Lefler, Berlin 1906). Durch das Puppenballett »Coppélia«, das thematisch mit »Hoffmanns Erzählungen« zusammenhängt, ist der Name Delibes bis heute einem breiten Publikum geläufig, in Frankreich gehört auch »Lakmé«, seine letzte vollendete Oper, zum Kernbestand des Repertoires; berühmt ist die sogenannte Glöckchenarie Lakmés im zweiten Akt.

von Pierre Edmond Julien Gondinet und Philippe Emile François Gille). Einzig in Italien gelingt es einer Gruppe jüngerer Komponisten, den Bann der Tradition fast schlagartig zu brechen, und zwar durch eine Annäherung an die zeitgenössische Literatur und die damit verbundene Loslösung vom Versdrama.

Puccini und der Verismus

Ebenso wie Wagner in seinen stabreimenden Operntexten hält auch Verdi noch an der Versbindung fest, obwohl sich der Tonfall seines »Falstaff« – ein geschmeidiges *parlando* auf höchstem musikalischem Niveau – bereits dem Charakter freier Prosa annähert. Die Jüngeren hingegen bekennen sich zum Ideal eines krassen, ungeschönten Naturalismus, für den Verse keine angemessene Ausdrucksform mehr sind. Das Schlagwort heißt *verismo* (von ital. *vero* = wahr), und das Vorbild sind Novellen wie Giovanni Vergas »Cavalleria rusticana«, die auch als Bühnenstück Furore macht; 1888 wird sie von Pietro Mascagni veropert, wobei er allerdings im Widerspruch zu veristischen Maximen eine Versfassung benutzt (UA Rom 1890, Text von Guido Menasci und Giovanni Targioni-Tozzetti).

Mascagnis preisgekrönter Einakter verdankt seine Entstehung einem Kompositionswettbewerb, den das Mailänder Verlagshaus

Sonzogno ausgeschrieben hat, um junge Talente zu fördern und an sich zu binden. Verdi und der aufstrebende Giacomo Puccini stehen beim großen Konkurrenzunternehmen Ricordi unter Vertrag, ebenso Ruggiero Leoncavallo, der jedoch, angezogen vom Erfolg Mascagnis, mit »I Pagliacci« (Mailand 1892, Text vom Komponisten) zu Sonzogno wechselt. Diese Oper gilt wie die »Cavalleria rusticana«, mit der sie häufig zusammen an einem Abend gespielt wird, als Schlüsselwerk des ästhetischen

Die Anfang des 18. Jahrhunderts gefeierte Schauspielerin Adrienne Lecouvreur ist die tragische Heldin eines 1849 entstandenen Dramas von Eugène Scribe und Ernest Legouvé; der Geschichte liegt eine wahre Begebenheit zugrunde: Adrienne, die Geliebte des Grafen von Sachsen, wird von einer Rivalin mittels eines Straußes vergifteter Veilchen getötet. Durch Francesco Cilèa findet »Adriana Lecouvreur« den Weg auf die Opernbühne (Mailand 1902, Text von Arturo Collauti). Die Premiere mit Angelica Pandolfini in der Titelrolle und Enrico Caruso als Graf Moritz von Sachsen gestaltet sich triumphal.

Ostersonntag in einem sizilianischen Bauerndorf: Bühnenbildentwurf von Ludwig Sievert (Frankfurt/Main 1931). Ehe das Eifersuchtsdrama seinen tragischen Höhepunkt erreicht, erklingt ein ursprünglich als Zwischenaktmusik konzipiertes »Intermezzo sinfonico«. Die umjubelte Uraufführung der »Cavalleria rusticana« – ›Sizilianische Bauernehre‹ lautet die heute kaum noch gebräuchliche Titelübersetzung – endet mit 60 Vorhängen.

»I Pagliacci« – Die Jahrmarktsbühne mit der Figur des Canio (Bajazzo), der aus Eifersucht zum Mörder wird (Szenographie von Hein Heckroth, Essen 1930). Mit einer direkt ans Publikum gerichteten Vorrede, in der einer der Akteure erklärt, der Autor habe den Stoff aus dem wirklichen Leben gegriffen – tatsächlich handelt es sich um das Plagiat eines französischen Dramas – und seine Geschöpfe seien Menschen aus Fleisch und Blut, beginnt ein raffiniert aufgezogenes Spiel im Spiel: Das Publikum nimmt die gleiche Rolle ein wie jene Mitspieler, die als Zuschauer der Jahrmarktskomödianten zu Zeugen eines Doppelmordes auf offener Bühne werden.

Wandels, weil sie in ihrer Drastik und in ihrem Wahrheitsanspruch zwei wesentliche Forderungen des literarischen Verismus einlöst, ohne der »melodia italiana« im Sinne Verdis untreu zu werden.

Die Bevorzugung des Milieus der Kleinen Leute ist ein Merkmal, das sich auch in Opern findet, die schwerlich dem Verismus zuzurechen sind, auch wenn sie durchaus veristische Züge tragen, wie etwa »Carmen« oder »Der Evangelimann«. Andere deutsche und französische Opern hingegen liegen ganz auf der Linie der

Trotz seines Strebens nach Klarheit und Deutlichkeit (»l'evidenza della situazione«) ist Giacomo Puccini eher ein Spätromantiker als ein typischer Vertreter des Verismus; wie Verdi hält er an versgebundenen Libretti und geschlossenen Formen fest, auch wenn die klassische Nummerneinteilung äußerlich längst überwunden ist, ebenso wie die Potpourri-Ouvertüre. Mit wenigen Takten, die unmittelbar in die erste Szene einmünden, deutet Puccini nur eine Grundstimmung an, vergleichbar dem späten Verdi, der dieses Verfahren besonders eindrucksvoll im stürmischen Eröffnungstableau des »Otello« praktiziert.

jungen Italiener, z. B. »Tiefland« von Eugen d'Albert (Prag 1903, Text von Rudolph Lothar nach einem Drama von Angel Guimerà): Pedro, ein Hirte von schlichtem Gemüt, wird aus der Einsamkeit der Berge ins Tiefland geholt, um die Geliebte des niederträchtigen Grundbesitzers Sebastiano zu heiraten, die dessen Eheplänen im Wege steht; als Sebastiano weiterhin Liebesdienste von ihr verlangt und sie sich wehrt, erwürgt ihn Pedro wie einen Wolf.

Eine Oper der Kleinen Leute ist auch »Louise« von Gustave Charpentier (Paris 1900, Text vom Komponisten): Pariser Arbeitermädchen liebt mittellosen Maler, die Eltern sind dagegen, aber die Sehnsucht und die Verlockungen der ›freien Liebe‹ sind stärker als der Gehorsam und die Fesseln kleinbürgerlicher Moral. Charpentiers »Roman musical« in vier Akten entspringt dem literarischen Naturalismus, dessen Hauptvertreter, Emile Zola, sich als Librettist mehrerer Opern von Alfred Bruneau betätigt (u. a. »Messidor«, Paris 1897). Bruneau propagiert einen *prosaïsme* mit ungekünstelten Texten und »Menschen aus dem alltäglichen Leben« statt der »aufgeputzten Gestalten« der traditionellen Oper.

Enrico Caruso in einer Selbstkarikatur als »Julien«, dem Folgewerk von Charpentiers »Louise« (»Julien ou La vie du poète«, Paris 1913). Der Tenor aller Tenöre besingt annähernd 300 Schallplatten und wird zu einem der ersten Schallplattenmillionäre der Geschichte. Als lyrisch-dramatischer Tenor verfügt er über eine erstaunliche Repertoirebreite; in Amerika, wo seit 1903 der Schwerpunkt seiner Tätigkeit liegt, singt er rund vierzig verschiedene Rollen, seine berühmtesten sind die des Canio (»I Pagliacci«), Rodolfo (»La Bohème«) und Duca di Mantova (»Rigoletto«). Der Durchbruch gelingt ihm als Loris in der Uraufführung von Umberto Giordanos »Fedora« (Mailand 1898, Text von Arturo Collauti nach dem gleichnamigen Schauspiel von Victorien Sardou), einer veristischen Oper, die an den großen Erfolg von Giordanos »Andrea Chénier« anknüpft (Mailand 1896, Text von Luigi Illica nach Sardou) – ebenfalls eine Paraderolle für Caruso.

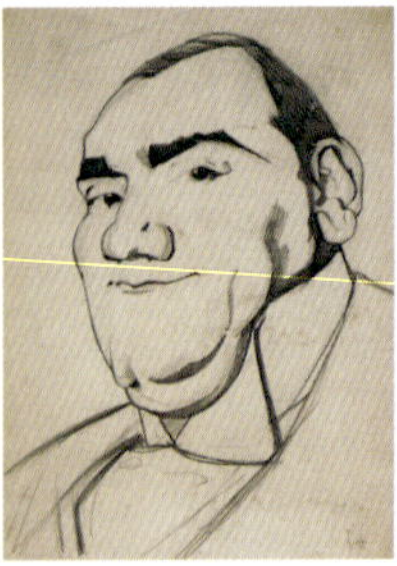

Enrico Caruso in einer Karikatur von Leo Pasetti; Caruso ist selbst ein begabter Karikaturist und für manchen Spaß zu haben: Als einem Freund auf der Bühne die Stimme versagt, springt er als Bassist ein.

Im ärmlichen Künstlermilieu des Pariser Quartier Latin spielt auch die vier Jahre vor »Louise« uraufgeführte »La Bohème« (Turin 1896, Text von Giuseppe Giacosa und Luigi Illica nach der Novelle »Scènes de la vie de Bohème« von Henri Murger). Mit ihr erringt Giacomo Puccini seinen zweiten Welterfolg. Nachdem schon »Manon Lescaut« (Turin 1893) die beliebte »Manon« von Jules Massenet (Paris 1884) überflügelt hat – beide basieren auf dem Roman »L'histoire du Chevalier Des Grieux et de Manon Lescaut« von Abbé Prévost –, sticht er diesmal den direkten Konkurrenten Leoncavallo aus, dessen auf die gleiche Vorlage zurückgreifender »Bohème« nur ein Achtungserfolg beschieden ist (Venedig 1897, Zweitfassung »Mimi Pinson«, Palermo 1913).

Die perfekte Balance zwischen Dramatik und Sentiment, veristischer Ausdruckskraft und subtiler Orchesterbehandlung, die in den Dimensionen des Klangapparates, aber auch in der hochentwickelten Leitmotivtechnik zunehmend an Wagner erinnert, dies alles erklärt den seit »La Bohème« anhaltenden Erfolg der

Das Café Momus, Treffpunkt der Bohémiens (Bühnenbildentwurf von N. Vitalino, Mailand 1910); ein Café dieses Namens existierte tatsächlich in der Pariser Rue des Prêtres.

Puccini-Opern nur zum Teil. Das Geheimnis liegt wohl in seiner ausgeprägten Begabung zur Melodie, deren süße, aber niemals triviale Reize auf ein Millionenpublikum schlechterdings suchtauslösend wirken.

Nach »Tosca«, dem fast reißerischen, bluttriefenden ›Politkrimi‹ (Rom 1900, Text von Giacosa und Illica nach dem gleichnamigen Schauspiel von Sardou), und der anrührend zarten, von Anklängen fernöstlicher Musik durchwobenen »Madama Butterfly« (Mailand 1904, Text von Illica und Giacosa nach dem gleichnamigen Schauspiel von David Belasco und John Luther Long) bringt Puccini einen Western im orchestralen Breitwandformat auf die Bühne: »La fanciulla del West« wird 1910 an der New Yorker Met mit Gesangsstars wie Emmy Destinn und Enrico Caruso in den Hauptrollen sowie Arturo Toscanini am Dirigentenpult unter tosendem Beifall uraufgeführt (Text von Guelfo Civinini

Figurine zu »Gianni Schicchi« (Lothar Schenk von Trapp, Darmstadt 1927). »Gianni Schicchi« ist der letzte der drei 1918 in New York unter dem gemeinsamen Titel »Il trittico« uraufgeführten Einakter Puccinis (Texte von Giuseppe Adami und Giovacchino Forzano). Der stark veristisch gefärbte erste, »Il tabarro«, schildert einen grausigen Eifersuchtsmord, der zweite, »Suor Angelica«, spielt im Nonnenkloster und sieht dementsprechend – ein Sonderfall in der Operngeschichte – ausschließlich Frauenrollen vor, der dritte schließlich ist ein keckes Gaunerstück im temporeichen Parlando-Stil: Puccinis Verbeugung vor der Commedia dell'arte und der großen italienischen Buffa-Tradition.

Der Dirigent Arturo Toscanini leitet schon als 25jähriger die Turiner Uraufführung der »Pagliacci« (1892), vier Jahre später hebt er am gleichen Ort »La Bohème« aus der Taufe; bei der »Turandot«-Premiere an der Mailänder Scala (1926) bricht er die Vorstellung an der Stelle ab, bis zu der Puccini das Werk vollenden konnte (Sterbeszene der Liù im dritten Akt); erst der zweiten Aufführung liegt die um Schlußduett und Finale erweiterte Fassung zugrunde. Anfang der 30er Jahre dirigiert Toscanini auch in Bayreuth, doch aus Protest gegen die neuen Machthaber tritt er nach 1933 in Deutschland und nach dem ›Anschluß‹ Österreichs auch dort nicht mehr auf. Toscanini begann seine Laufbahn als Cellist; im Scala-Orchester wirkte er bei der Uraufführung des »Otello« (1887) mit.

und Carlo Zangarini nach Belasco). Obwohl »The Girl of the Golden West« auf Dauer an Popularität weit hinter den anderen Opern zurückbleibt, ist es als Übergangswerk zu Puccinis Spätstil von großer Bedeutung. Das für Puccini untypische Happy-End ist als Konzession an den Geschmack des amerikanischen Publikums zu verstehen.

Den unvollendeten Abschluß seines Schaffens bildet die Oper »Turandot«, deren letzte Skizzen von Franco Alfano komplettiert werden (UA postum Mailand 1826, Text von Giuseppe Adami und Renato Simoni nach dem gleichnamigen Schauspiel von Carlo Gozzi). Die Partitur ist keine Absage an Wohlklang und Schöngesang, aber doch ein Bekenntnis zur symphonischen Konstruktion, aus der sich ein Werk von ungeheurer Dichte und exotischem Klangreiz (Gongs und chinesische Motive) formt. Die

»Turandot«: Bühnenbildentwurf von Franz Karl Delavilla zur deutschen Erstaufführung von Busonis chinesischer Fabel nach Carlo Gozzi (Frankfurt/ M. 1918)

»Meine Jugend verging unter ernsten Studien, beharrlichen Arbeiten und Betrachtungen, die von den deutschen Künsten und Wissenschaften genährt und gestützt wurden ... So kam ich relativ spät dazu – verzeihen Sie mir! – Ihre Meisterwerke zu bewundern und mich an ihnen zu berauschen. Schließlich rief der ›Falstaff‹ in mir eine derartige Revolution des Geistes und des Gefühls hervor, daß ich von da an mit vollem Recht eine neue Epoche meines künstlerischen Schaffens datieren kann.«
Ferruccio Busoni in einem niemals abgesandten Brief an Giuseppe Verdi (1894)

überwältigende Arie des Calaf zu Beginn des dritten Akts (»Nessun dorma!«) erscheint vor diesem Hintergrund wie ein letzter Gruß aus der Vergangenheit der Belcanto-Oper.

Das römische Marionettentheater und die Begegnung mit einem italienischen Komödianten sind Auslöser für Ferruccio Busonis Versuch einer musikalischen Erneuerung der Commedia dell'arte. Busonis zweiaktige »Turandot«, uraufgeführt zusammen mit dem Einakter »Arlecchino« (Zürich 1917, Texte vom Komponisten), benutzt denselben Märchenstoff wie Puccinis letzte Oper, aber der musikalische Zugriff ist ein ganz anderer: ironisch und intellektuell in der zitathaften Verwendung klassischer Formelemente und der bewußt anachronistischen Einteilung in Nummern.

Den Commedia-Opern Busonis nur bedingt vergleichbar sind die Goldoni-Komödien von Ermanno Wolf-Ferrari (u. a. »I quattro rusteghi«, München 1906, Text von Giuseppe Pizzolato und Luigi Suguna). Der Komponist spielt virtuos mit Ensembletechniken der Opera buffa und bringt so kuriose Dinge wie ein ›Dezett‹ und ein Baßstimmen-Terzett zustande, eingekleidet in einen eleganten Neoklassizismus. Anders als Busoni benutzt Wolf-Ferrari – beide sind Deutsch-Italiener – ein recht bescheidenes

Richard Strauss, ein letzter Großmeister seiner Zunft, auch in Hinblick auf den kommerziellen Erfolg.

Orchester, das in etwa demjenigen Donizettis entspricht.

Erheblich mehr instrumentalen Aufwand treibt Richard Strauss, der das durch die kontinuierliche Verstärkung der Instrumentengruppen und Hinzunahme neuer (Blas-) Instrumente ohnehin stark angeschwollene spätromantische Orchester nochmals erweitert und Besetzungen mit mehr als 100 Musikern verlangt.

Strauss und die Tradition

Strauss und Puccini sind die letzten Repräsentanten einer geteilten Opernwelt. Als Haupterben Wagners und Verdis gehen sie verschiedene Wege: Puccini setzt fast unbeirrt die italienische Belcanto-Tradition fort, angepaßt an die gewandelten Klangvorstellungen des 20. Jahrhunderts, Strauss hingegen beginnt als Wagner-Epigone, entwickelt sich mit »Salome« (Dresden 1905, Text von Oscar Wilde, deutsche Übersetzung von Hedwig Lachmann) und »Elektra« (Dresden 1909, Text von Hugo von Hofmannsthal nach Sophokles) zum spätromantischen Expressionisten, ehe im walzerseligen »Der Rosenkavalier« (Dresden 1911, Text von Hofmannsthal) das Pendel wieder zurückschwingt und der auch gegen heftige Kritik verteidigte Avantgardismus einem klanglich ebenso überbordenden, aber musikalisch rückwärtsgewandten Kompositionsstil weicht.

Strauss' Publikum vollzieht die doppelte Kehrtwendung mit und verschafft allen drei Werken Eingang ins Standardrepertoire. Von den Komponisten der nachfolgenden Generationen vermag es kaum eine Handvoll, mit mehr als einem Werk auf den Bühnen der Welt Fuß zu fassen. Auch Strauss gelingt dies mit den späteren Opern nicht mehr im gleichen Maße wie zuvor, was auch mit seiner verhängnisvollen Rolle im Dritten Reich zusammenhängt: Strauss ist zwar kein Parteimitglied, übernimmt aber das Präsidentenamt der Reichmusikkammer und wird so zu einer Galionsfigur der nationalsozialistischen Kulturpolitik. Sein internationales Ansehen schwindet dahin, obwohl er das Amt schon nach zwei Jahren niederlegt, weil er durch die Zusammenarbeit mit dem jüdischen Schriftsteller Stefan Zweig heftigen Anfeindungen ausgesetzt ist. Der unmittelbare Anlaß ist »Die schweigsame Frau«, eine ›Buffa‹ nach der Komödie »Epicoene« des Shakespeare-Zeitgenossen Ben Jonson (Dresden 1935, Text von Stefan Zweig). Das in den Grundzügen der

»Ariadne auf Naxos«: Bühnenbild von Hans Schavernoch (Paris 1983). Widmungsträger dieses Einakters »nebst einem Vorspiel« ist der Regisseur Max Reinhardt, der 1920 zusammen mit Hugo von Hofmannsthal die Salzburger Festspiele begründet. Reinhardt inszeniert das Werk in der Urfassung als Nachspiel zu Molières »Der Bürger als Edelmann« anläßlich der Eröffnung der Stuttgarter Oper (Kleines Haus) im Jahr 1912.

»Elektra«: Bühnenbildentwurf von Emil Rieck zur Premiere in Dresden (1909), dem Uraufführungsort der meisten Strauss-Opern. Mit »Elektra«, der Vertonung der sechs Jahre zuvor uraufgeführten Tragödie von Hugo von Hofmannsthal, beginnt eine mehr als 20jährige Zusammenarbeit. Der Dichter liefert Strauss Texte für insgesamt zehn Bühnenwerke. Obwohl er sich nach »Salome« eigentlich einem heiteren Stoff zuwenden wollte, läßt Strauss sich auf die düstere »Elektra« ein und übertrifft mit dieser Partitur das Vorgängerwerk noch an harmonischer Kühnheit und orchestraler Wucht: »Beide Opern stehen in meinem Lebenswerk vereinzelt da: ich bin in ihnen bis an die äußersten Grenzen der Harmonik, psychischer Polyphonie (Klytämnestras Traum) und Aufnahmefähigkeit heutiger Ohren gegangen.«

Handlung Donizettis »Don Pasquale« eng verwandte Werk wird gleich nach der Premiere abgesetzt, weil Strauss nicht zulassen will, daß man den Namen seines Textdichters von den Plakaten tilgt.

Das hohe literarische Niveau seiner Opern ist verbürgt durch die Namen der Strausschen Librettisten, allen voran Hugo von Hofmannsthal, den man als gleichberechtigten Partner ansehen muß. Was beide in engster Kooperation erschaffen, ist der Idealfall einer Literaturoper: Die Dichtung ist eigenständig, aber in ihren Intentionen deckungsgleich mit denen des Komponisten, was bei anderen Literaturopern im 20. Jahrhundert keineswegs selbstverständlich ist. Der Normalfall sieht eher so aus, daß die Vertonung zwar weitgehend wortgetreu, aber gleichsam am Autor vorbei erfolgt.

Mit »Ariadne auf Naxos« (Stuttgart 1912, Neufassung Wien 1916, Text von Hofmannsthal) läßt Strauss der nostalgischen Rokoko-Komödie des »Rosenkavaliers«, die mit der karikaturhaften Nebenfigur des Sängers auch der Belcanto-Oper ironisch Reverenz erweist, eine doppelbödige ›Barock‹-Oper folgen: Ein junger Komponist muß mitansehen, wie eine Commedia-dell'arte-Truppe, vom gleichen Auftraggeber engagiert, in seiner heroischen Oper die Regie übernimmt. Bemerkenswert dabei ist die auf Kammerorchestergröße reduzierte und trotzdem farbensprühende Instrumentation.

»Elektra«: Kaum eine Vertreterin des hochdramatischen Fachs hat diese Partie eindringlicher gestaltet als die Sopranistin Inge Borkh, die vor ihrem Debüt als Agathe in »Der Freischütz« (Luzern 1940) eine Schauspielausbildung am Max-Reinhardt-Seminar durchlief.

Klanglich opulenter – sogar ein ›altmodisches‹ Cembalo wirkt mit –, doch in der Gestaltungsidee und thematischen Ausrichtung ganz ähnlich ist »Capriccio« (München 1942, Text von Clemens Krauss), die letzte seiner 15 Opern; Schauplatz der Handlung ist »Ein Schloß in der Nähe von Paris, zur Zeit, als Gluck dort sein Reformwerk der Oper begann«. Das »Konversationsstück für Musik« behandelt eine Frage, die so alt ist wie die Oper selbst: Was soll Vorrang haben, die Worte oder die Musik? Schon Antonio Salieri hat das Problem in einer Opernparodie verarbeitet (»Prima la musica e poi le parole«, Wien 1786, Text von Abbé de Casti). Strauss, so deuten es die als Motto vorangestellten Worte des Theaterdirektors an, schwebt eine Synthese vor, Quintessenz eines 50jährigen Opernschaffens: »Der Arie ihr Recht! Auf die Sänger nimm Rücksicht! Nicht zu laut das Orchester«.

Elisabeth Schwarzkopf als Feldmarschallin (»Der Rosenkavalier«, London 1959). In dieser Glanzrolle ist sie auch 1960 bei der von Herbert von Karajan geleiteten Eröffnung des neuen Salzburger Festspielhauses zu bewundern. Mit ihrem Ehemann Walter Legge, einem der einflußreichsten Schallplattenproduzenten der Nachkriegszeit, spielt sie eine Vielzahl von Tonaufnahmen ein: Dokumente einer außergewöhnlich schönen und kultivierten Sopranstimme.

Der Tenor Beniamino Gigli, gerühmt vor allem wegen seiner phänomenalen *piano-* und *mezzavoce*-Technik, wird als der legitime Nachfolger des 1921 verstorbenen Enrico Caruso gehandelt. Die ersten Platten nimmt Gigli 1918 auf; in den 30er Jahren startet er eine erfolgreiche Filmkarriere.

Kunst und Kommerz gehen in der Geschichte der Oper häufig Hand in Hand, doch erst seit der Wende zum 20. Jahrhundert lebt eine ganze Industrie davon. Schon 1906, kaum zehn Jahre nach Beginn der Produktion, werden allein in Deutschland anderthalb Millionen Schellackplatten verkauft, wobei der Anteil dessen, was wir als ›Klassik‹ bezeichnen würden, damals sehr viel höher ist als heute. Der Erfolg hat einen Namen: Enrico Caruso.

Die ersten Plattenaufnahmen mit ihm entstehen 1902 in einem Hotelzimmer in Mailand, wo Caruso innerhalb von

zwei Stunden zehn Opernarien zu Klavierbegleitung aufnimmt; Produzent ist Fred Gaisberg von der Londoner Gramophone Company. Am Ende seiner Karriere hat der Tenor des Jahrhunderts mehr als 250 Platten eingespielt.

Zu den weiblichen Schallplattenstars der frühen Jahre gehören die weltweit gefeierte Koloratursopranistin Nellie Melba – das Eis-Dessert »Pêche Melba« ist nach ihr benannt – und Emmy Destinn, Carusos Partnerin u. a. in Puccinis »Mädchen aus dem goldenen Westen«.

Obwohl die Spieldauer der einzelnen Platte noch weniger als fünf Minuten beträgt, entstehen schon damals die ersten Opern-Gesamtaufnahmen. Auch die Kinoproduzenten beginnen sich für die Oper zu interessieren und verfilmen beliebte Stoffe wie »Carmen« (1908) oder »Der Trompeter von Säckingen« (1917), die zur obligatorischen Klavierbegleitung abgespielt werden.

Links unten: Beniamino Gigli in Rom, während der Dreharbeiten zu der Tonfilm-Operette »Dir gehört mein Herz« (Deutschland/Italien 1938); hinter ihm (v. l. n. r.): Theo Lingen, Richard Romanowsky, Erich Kestin und Paul Kemp

Die Sopranistin Frieda Hempel, eine häufige Bühnenpartnerin Carusos in Berlin und New York (Sammelbildchen)

Geburt eines Mythos: Maria Callas als Isolde bei ihrem ersten Engagement am Teatro La Fenice (Venedig 1947)

Herbert von Karajan beginnt 1929 als Kapellmeister in Ulm, 1935 wird er in Aachen Deutschlands jüngster Generalmusikdirektor; als Parteimitglied politisch belastet, erhält er nach dem Zweiten Weltkrieg vorübergehend Auftrittsverbot, gleichwohl entstehen schon 1946 die ersten Schallplattenaufnahmen mit dem Londoner Philharmonia Orchestra – Grundstein einer beispiellosen Schallplattenkarriere.

Maria Callas im Gespräch mit ihrem Mentor, dem großen italienischen Dirigenten Tullio Serafin (links), und dem Produzenten Walter Legge; ihre Aufnahme der »Norma« von Bellini ist eine Sternstunde der Schallplattengeschichte (Mailand 1954).

Der Bariton Tito Gobbi feiert seine größten Erfolge als Titelheld der Verdi-Opern »Simone Boccanegra« und »Falstaff« sowie als sinistrer Scarpia in Puccinis »Tosca« an der Seite von Maria Callas; sein enormes schauspielerisches Talent ist auch in zahlreichen Opernfilmen zu bewundern (u. a. »Il barbiere di Siviglia« 1945, »Rigoletto« 1946, »Tosca«-Fernsehaufzeichnung 1964).

Den seit 1903 von Oskar Meßter unternommenen Versuchen, Film- und Grammophonaufnahmen zu kombinieren, folgen schon 1908 die ersten Opern-Filmszenen im sogenannten Nadeltonverfahren (Triumphgesang aus »Le prophète«, Duett aus »La Bohème«); seit 1919 gehen kleine Opernensembles auf Tournee, die *live* zu Stummfilmdarbietungen musizieren (»Der fliegende Holländer«, »Martha« u. a.).

Ende der 20er Jahre, als sich der Tonfilm durchzusetzen beginnt, werden vor allem die Stars von Music Hall und Operette – Namen wie Maurice Chevalier und Johannes Heesters – von den Filmstudios umworben, doch auch Opernschwergewichte wie die Tenöre Leo Slezak oder Beniamino Gigli wechseln ins Filmgeschäft. Und auch jene Stars, die der Opernbühne treu

Giuseppe Taddei, der neben Gobbi zweite große italienische Bariton der Nachkriegszeit, hat sich auch als Interpret von Wagner-Rollen einen Namen gemacht (Hans Sachs, Holländer u. a.).

Der kanadische Baßbariton George London – hier als Don Giovanni bei einer Aufnahme des Westdeutschen Rundfunks (1967) – gehört in den 50er und 60er Jahren zu den Stars der Bayreuther Festspiele; Triumphe feiert er auch als Boris Godunow in Mussorgskis gleichnamiger Oper.

bleiben, werden als Helden der Wochenschauen und Illustrierten oder durch Auftritte in Radio-Konzerten zu Lieblingen des Massenpublikums und tauchen als begehrte Motive in Sammler-Alben auf (›Zigarettenbildchen›).

Um 1930 beträgt die Zahl der verkauften Platten in Deutschland circa 30 Millionen Stück. Erst 25 Jahre später erreichen die Verkäufe wieder diese Höhe; bis 1960 haben sie sich verdoppelt.

Die HiFi-Stereophonie-Begeisterung in den 60ern und 70ern beschert der Plattenindustrie traumhafte Gewinne, denn obwohl der Anteil der sogenannten E-Musik (›ernste Musik‹) im Verhältnis zur Unterhaltungsmusik stetig abnimmt, ist das Geschäft mit der Klassik ausgesprochen lukrativ, zumal nur eine Handvoll Firmen den Weltmarkt praktisch unter sich aufteilt.

Der italienische Bassist Cesare Siepi im Jahr 1972; Siepis legendäre Interpretation des Don Giovanni ist dokumentiert in einer Filmaufzeichnung von den Salzburger Festspielen 1953.

Noch immer ein Garant für höchste Umsätze ist der 1989 verstorbene Herbert von Karajan. Von dem Produzenten Walter Legge für die Schallplatte entdeckt, hat Karajan die Geschichte dieses Mediums so nachhaltig geprägt wie kein anderer Dirigent seit 1945. Einen bleibenden Teil seines künstlerischen Vermächtnisses, so umstritten es in vieler Hinsicht sein mag, bilden die Opernaufnahmen, darunter Mozarts »Figaro« mit George London als Graf Almaviva und Sena Jurinac als Cherubino (1952), »Die Meistersinger von Nürnberg« mit Theo Adam als Hans Sachs (1971) und eine legendäre »Lucia di Lammermoor« mit Maria Callas (1955).

Die Sopranistin Sena Jurinac im Jahr 1969; kurze Zeit nach ihrem Zagreber Debüt als Mimi in »La Bohème« wird sie an die Wiener Staatsoper verpflichtet (1944), wo man sie vor allem als großartige Mozart-Sängerin verehrt. Bei der Eröffnung des neuen Salzburger Festspielhauses singt sie den Octavian im »Rosenkavalier« (1960); 1993 nimmt sie in derselben Oper, diesmal jedoch als Marschallin, Abschied von der Bühne.

Maria Callas mit Giuseppe di Stefano auf ihrer Konzerttournee 1973 in Berlin; der Startenor di Stefano ist in den 50er und 60er Jahren an allen großen Bühnen der Welt zu Hause.

Maria Callas, in New York aufgewachsene Griechin, debütiert 1947 in Italien; seit 1951 singt sie an der Mailänder Scala. Der endgültige Durchbruch dort gelingt ihr mit Cherubinis »Medea«, aber auch als Rosina (»Il barbiere di Siviglia«), Norma, Lady Macbeth oder Tosca bekräftigt sie ihren Anspruch auf den Thron einer *Primadonna assoluta*, die das Koloraturfach ebenso wie das lyrische und dramatische beherrscht, nachdem sie sich schon zu Anfang ihrer Karriere hochdramatische Partien wie Wagners Isolde erobert hat. Ihrem Abschied von der Opernbühne als Tosca in London (1965) folgen noch einige Schallplatten und ein Comeback-Versuch an der Seite von Giuseppe di Stefano – eine demütigende Erfahrung, denn beide haben den Zenit ihrer Gesangskunst längst überschritten.

Um so höher einzuschätzen ist der Wert der Callas-Aufnahmen aus den 50er Jahren, die das Wunder ihrer einzigartigen Stimme bewahrt haben und auch 20 Jahre nach ihrem

Tod noch für Verkaufsrekorde sorgen.

Durch die lange Zeit übliche Exklusivbindung der größten Gesangsstars an bestimmte Plattenfirmen sind viele Opernaufnahmen entstanden, die trotz des Aufgebots an klingenden Namen nicht optimal besetzt sind, weil bei der Produktion vorzugsweise auf eigene Vertragskünstler statt auf ›Leihstimmen‹ von konkurrierenden Unternehmen zurückgegriffen wurde. Heute sind solche Exklusivverträge sogar für große Plattenfirmen kaum noch finanzierbar, denn durch die multimediale Vermarktung haben sich den Superstars – prominentestes Beispiel sind »Die drei Tenöre« (Luciano Pavarotti, Placido Domingo, José Carreras) – Einnahmequellen in ganz anderen Dimensionen erschlossen.

Fast ins Unermeßliche gestiegen sind auch die Gagenforderungen der berühmten Orchester. Als Ausweg bietet sich die Zusammenarbeit mit jungen und weniger bekannten, doch bestens eingespielten Ensembles an. Die Ergebnisse sind oft verblüffend, zumal in der Alten Musik, die von Jahr zu Jahr mehr am Schallplattengeschäft partizipiert.

Zu den Protagonisten der ›Originalklang‹-Bewegung gehören Ensembleleiter wie William Christie (Lully), René Jacobs (Cavalli) und der inzwischen auch als Dirigent des klassisch-romantischen Repertoires von Haydn bis Verdi hochangesehene Nikolaus Harnoncourt.

Nikolaus Harnoncourt ist einer der herausragenden Repräsentanten der historischen Aufführungspraxis; sein Züricher Monteverdi-Zyklus in der Inszenierung von Jean-Pierre Ponnelle gehört zu den meistbeachteten Opernereignissen der 70er Jahre.

»Rodelinde«: Bühnenbildentwurf von Ernst Strohbach (Berlin 1924): Die 1920 von Oskar Hagen in Göttingen ausgehenden Bemühungen um eine Händel-Renaissance finden ein rasches Echo, so 1924 in Köln (»Julius Caesar«) und Berlin (»Rodelinde«). Nach dem Zweiten Weltkrieg etablieren sich neben Göttingen zwei weitere Händel-Festspiele in Halle/Saale (seit 1952) und Karlsruhe (seit 1985). Die sogenannte historische Aufführungspraxis mit alten Instrumenten und unter Berücksichtigung der barocken Improvisations- und Verzierungstechnik spielt dabei eine immer wichtigere Rolle.

Klassiker der Moderne

Die Oper im 20. Jahrhundert wird zunehmend museal, weil es neuen Werken immer weniger gelingt, einen Platz im Repertoire zu erobern: Die Reproduktion des Bekannten und Bewährten beansprucht nahezu alle Kapazitäten. Neues findet nur vorübergehend Platz, auch wenn die Premiere erfolgreich verläuft, fällt der letzte Vorhang oft schon nach fünf oder sechs Vorstellungen. Offenbar reicht ein Bestand von rund 200 Werken aus, die Spielpläne der Opernhäuser in aller Welt so zu gestalten, daß kaum noch Bedarf an echten Neuheiten besteht, zumal die Lust auf Entdeckungen auch mit ›Wiederausgrabungen‹ befriedigt werden kann, wie das stetig wachsende Interesse an den Opern Händels und Monteverdis zeigt.

Auch einige Werke des frühen 20. Jahrhunderts, die schon beinahe vergessen waren, werden wiederentdeckt und rücken auf den Platz derjenigen vor, die inzwischen den Status von Klassikern erworben haben – als bewährte Alibi-Opern eines ›modernen‹ Spielplans. Aber ein Blick auf die Statistiken des Deutschen Bühnenvereins macht die Relationen deutlich: Unter den 20 meistgespielten Werken – an der Spitze stets »Die Zauberflöte« – ist die Oper des 20. Jahrhunderts nur durch Puccini und Strauss vertreten. Erst weit dahinter rangieren, und das auch nur vereinzelt, Werke wie »Wozzeck« von Alban Berg (Berlin 1925, Text vom Komponisten nach dem Dramenfragment »Woyzeck« von Georg Büchner) oder Paul Hindemiths »Cardillac« (Dresden 1926, Text von Ferdinand Lion nach der Novelle »Das Fräulein von Scudéri« von E. Th. A. Hoffmann). Freilich sind die Unterschiede von Land zu Land erheblich, der Spielplan in Moskau sieht anders aus als der in New York, grundsätzlich aber gilt: Das

»Die Tote Stadt« von Erich Wolfgang Korngold (Bühnenbildentwurf von Ludwig Sievert, Frankfurt/Main 1921). Korngolds Hauptwerk (Hamburg und Köln 1920, Text vom Komponisten) nach dem symbolistischen Roman »Bruges-la-morte« von Georges Rodenbach ist der Geniestreich eines 23jährigen. Innerhalb kürzester Zeit wird die ausgesprochen theaterwirksame und effektvoll orchestrierte, zwischen Traum und Wirklichkeit schillernde Oper an allen großen deutschen Bühnen nachgespielt; 1934 folgt Korngold dem Regisseur Max Reinhardt, mit dem er eine Kinofassung von Shakespeares »Sommernachtstraum« erarbeitet, ins amerikanische Exil und wird bald zu einem der erfolgreichsten Filmkomponisten in Hollywood.

Wozzeck beim Doktor, der ihn als Versuchskaninchen mißbraucht (Szenenbild von Eduard Löffler, Mannheim 1932). Die Geschichte des Mörders aus Eifersucht wäre der Stoff für eine veristische Oper, doch Berg macht etwas völlig anderes daraus: eine 15teilige Szenenfolge von beklemmender Intensität, musikalisch gebunden an ein hochartifizielles Formkonzept, dessen Strukturen (Passacaglia, Fuge, Rondo etc.) dem Hörer allerdings verborgen bleiben sollen. Die weitgehend atonale, doch Alltagsklänge (Militärkapelle, Volkslied, Ländler) einbeziehende Musik leuchtet in Abgründe menschlicher Existenz, stumme Schreie einer geschundenen Seele werden laut – eine Oper, in deren Hoffnungslosigkeit die Katastrophe des Ersten Weltkriegs nachzuklingen scheint.

Repertoire ist festgefügt und stützt sich im wesentlichen auf Werke des 19. Jahrhunderts.

»Wozzeck« ist ein Schlüsselwerk der Moderne, denn es verschafft der immer einflußreicher werdenden Schönberg-Schule, der Berg ja angehört, die Aufmerksamkeit und den Respekt eines breiten Publikums, mehr als es Arnold Schönbergs eigene Kurz-Opern bzw. Melodramen tun, die über Kennerkreise kaum hinausgedrungen sind: »Erwartung« (1909, UA Prag 1924, Text Marie Pappenheim) und »Die Glückliche Hand« (1913, UA Wien 1924, Text vom Komponisten), beides musikalisch-szenische Momentaufnahmen rätselhafter Innenwelten, inspiriert oder zumindest indirekt beeinflußt von Siegmund Freuds Theorie der Psychoanalyse. Zukunftsweisend wie die auch in »Pierrot lunaire« und dann von Berg in »Wozzeck« angewandte rhythmische Deklamation in den Sprechchören von »Die glückliche Hand« ist der Versuch, mit den Mitteln der Bühne zu ›musizieren‹ (Licht-Crescendo), eine Idee, die in modernen Musiktheater-Konzep-

»Cardillac«-Szenenbild von Ludwig Sievert (Frankfurt/Main 1928): Wer von dem unheimlichen Goldschmied ein Schmuckstück kauft, muß es mit dem Leben bezahlen. Hindemiths erste abendfüllende Oper spiegelt Tendenzen einer Neuen Sachlichkeit, die dem pathosgesättigten Musikdrama der Spätromantik die ›Musizier-Oper‹ entgegenstellt; kennzeichnend dafür ist der verselbständigte, der reinen Instrumentalmusik angenäherte Orchestersatz.

tionen wie dem »instrumentalen Theater« Mauricio Kagels wieder auflebt.

Zu den Komponisten, die einen Mittelweg zwischen Spätromantik und Avantgarde einschlagen – mit gleichem Abstand zu Puccini wie zu Schönberg –, gehört Franz Schreker. Seine

Paul Hindemith als Dirigent. Mit seinen expressionistischen Einaktern »Mörder, Hoffnung der Frauen« (Text von Oskar Kokoschka) und »Das Nusch-Nuschi« (Text von Franz Blei) provoziert der junge Hindemith einen handfesten Theaterskandal (UA Stuttgart 1921). Große Teile des Publikums reagieren entsetzt auf die kaum verhüllte Darstellung von Gewalt und Sexualität; religiöse Empfindungen verletzt der dritte Einakter, »Sancta Susanna«, der im Jahr darauf in Frankfurt herauskommt. Hohe Wellen schlägt auch eine Arie über die Vorzüge der Heißwasserversorgung, vorgetragen in einer Hotelbadewanne (»Neues vom Tage«, Berlin 1929, Text von Marcellus Schiffer); zum Verbot kommt es freilich erst Jahre später, als die Nazis an der Macht sind und sich zu Hütern des gesunden Volksempfindens aufwerfen. Hindemith gerät zunehmend unter Druck und übersiedelt 1940 in die Vereinigten Staaten, wo er bis 1953 als hochgeachteter Musikprofessor an der Yale-Universität unterrichtet. Nach Europa zurückgekehrt, schreibt er »Die Harmonie der Welt« (München 1957), eine Oper über den Astronomen Johannes Kepler; sie steht jedoch im Schatten der Künstleroper »Mathis der Maler«, die, von den Nazis verfemt und darum in Zürich uraufgeführt (1938), in Deutschland erstmals nach dem Krieg zu hören ist. Der Dirigent Wilhelm Furtwängler, der sich 1934 für eine Uraufführung in Berlin einsetzte, legte aus Protest gegen das Verbot des »Mathis« alle seine Ämter nieder.

Projektionsvorlage von Teo Otto für eine Hamburger »Lulu«-Inszenierung im Jahr 1957. »Lulu«, Alban Bergs zweite Oper, bleibt Fragment. Die Uraufführung des Torsos findet zwei Jahre nach dem Tod des Komponisten statt (Zürich 1937, Text vom Komponisten nach den Tragödien »Erdgeist« und »Die Büchse der Pandora« von Frank Wedekind). Erst 1979 hat in Paris eine von Friedrich Cerha vervollständigte Fassung Premiere, angefertigt nach Skizzen zum dritten Akt, die lange Zeit nicht zugänglich waren.

einst überaus erfolgreichen, aber nach 1933 geächteten Opern erleben seit Ende der 70er Jahre eine Renaissance, allen voran »Der ferne Klang« (Frankfurt/Main 1912) und »Die Gezeichneten« (Frankfurt/Main 1918). Schreker ist sein eigener Librettist mit einem Hang zu erotisch aufgeladenen Szenarien, die er ungemein klangsinnlich, fast impressionistisch in Musik umsetzt. Darin vergleichbar ist ihm Riccardo Zandonai, dessen klanglich betörende »Francesca da Rimini« (Turin 1914, Text von Tito Ricordi nach der gleichnamigen Tragödie von Gabriele d'Annunzio) zusätzlichen Reiz dadurch gewinnt, daß der Komponist die Farbpalette des Orchesters um alte Instrumente wie Laute und Viola pomposa bereichert.

Von Strauss' »Salome« (Schleiertanz) bis zu Bergs »Lulu« ist Erotik eine fast durchgängige Komponente der Oper im frühen 20. Jahrhundert; auch in Maurice Ravels buffoneskem Einakter »L'heure espagnole« (1907, UA Paris 1911, Franc-Nohain [= Maurice-Etienne Legrand]) ist sie der Motor des Geschehens. Obschon zunächst als »pornographische Operette« verschrien, hat sich diese unbefangene Schilderung der Liebe am Nachmittag international schnell durchgesetzt. Die im spanischen Kolorit gehaltene Musik bezieht den Ort der Handlung, einen Uhrmacherladen, geschickt in die Klangkulisse ein.

Daß die erotische Spannung zwischen Mann und Frau auch ein selbstzerstörerisches Potential besitzt, schildert auf bildhafte Weise Béla Bartóks Märchen-Einakter »Herzog Blaubarts Burg« (Budapest 1918, Text von Béla Balász [= Herbert Bauer]), ein epochemachendes Werk durch die dissonanzenreiche, aber um so sprechendere Klangsymbolik; der für Bartók typische Reichtum der rhythmischen Gestaltung kommt demgegenüber in der Ballettpantomime »Der wunderbare Mandarin« (Köln 1926, Libretto von Melchior Lengyel) mehr zur Geltung.

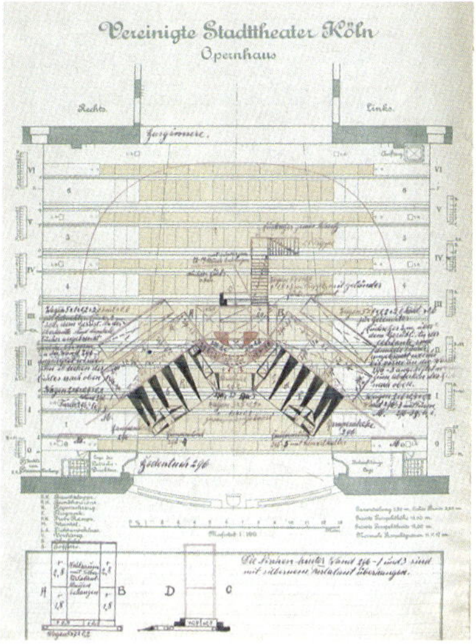

Bühnenplan zu »Herzog Blaubarts Burg« (Bühnenbild: Hans Strohbach). Die sorgfältig einstudierte Kölner Aufführung im Jahr 1926 wird zum Skandal durch die im Anschluß an den Opern-Einakter stattfindende Uraufführung der Ballettpantomime »Der wunderbare Mandarin«. Schon nach der Hauptprobe formiert sich in national-konservativen Kreisen eine Kampagne gegen das »Zuhälterstück«. Ohne es gesehen zu haben, verfügt Konrad Adenauer, der damalige Kölner Oberbürgermeister, die sofortige Absetzung vom Spielplan – ein in der Theatergeschichte der 20er Jahre einmaliger Vorgang.

»Jonny spielt auf«: Bühnenbildentwurf von Johannes Schröder (Duisburg 1928). Ernst Křeneks sensationell erfolgreiche Oper wird sofort nach der Uraufführung (Leipzig 1927, Text vom Komponisten) von zahlreichen Bühnen nachgespielt und löst überall heftige Reaktionen aus. Der Komponist wird zur Zielscheibe offen rassistischer Schmähungen; Nationalsozialisten in Wien organisieren Protestaktionen gegen die »jüdisch-negerische Besudelung« der Staatsoper.

»Jonny spielt auf«: Plakatentwürfe als Bühnendekoration (Lothar Schenk von Trapp, Darmstadt 1928). Kreneks Erfolgsstück ist das Paradebeispiel einer Zeitoper im Rhythmus der modernen Großstadt. Den Zeitgeist verkörpert Jonny, der schwarze Jazzgeiger und Instrumentendieb, Max hingegen, der grüblerische Komponist, muß begreifen: Die Romantik hat ausgespielt.

Der Ausbruch der Oktoberrevolution treibt viele russische Künstler zur Emigration; auch Sergej Prokofjew verläßt die Heimat und geht für eine Weile in die Vereinigten Staaten. In Chicago hat 1921 seine »L'amour des trois oranges« Premiere (Text vom Komponisten nach Carlo Gozzi), ein burleskes, von der Commedia dell'arte inspiriertes Stück mit opern-parodistischen Zügen, das durch die Kommentare rivalisierender ›Zuschauer‹-Chöre eine deutlich anti-illusionistische Tendenz erhält. Vermittelt durch den Regisseur Wsewolod Meyerhold, der Prokofjew mit dem Stoff bekanntmacht, ist hier das Konzept des epischen Theaters vorweggenommen, wie es später in »Die Dreigroschenoper« und »Aufstieg

»Maschinist Hopkins« von Max Brand: Bühnenbildentwurf von Johannes Schröder zur Uraufführung in Duisburg (1929). Brand, der wie sein Lehrer Schreker selbst als Textdichter fungiert, vertritt einen Pluralismus der Stile. Seine sozialkritische Oper aus der Welt der Arbeit kombiniert Einflüsse der Schönberg-Schule (Zwölftontechnik, Sprechgesang), Geräuscheffekte (Maschinenmusik) und Jazz-Elemente in einer fast filmisch anmutenden Montagetechnik, die in George Antheils »Transatlantic« (Frankfurt/M. 1930, Text vom Komponisten) vollends stilbestimmend wird; der Amerikaner baut tatsächlich Film- und Leinwandprojektionen in die Handlung ein und erweitert, wie schon im »Ballet mécanique« von 1925, den Klangapparat durch mechanische und elektroakustische Geräusche (Schreibmaschine, Telefon).

Der Dirigent Otto Klemperer, gezeichnet von Otto Dix (1923). Schon während seiner sechsjährigen Tätigkeit in Köln als »Kl'Empereur« gefeiert, erobert er 1927 auch die Hauptstadt: Unter seiner Ägide wird die Berliner Kroll-Oper zu einer der ersten Adressen der Avantgarde; Hindemiths »Neues vom Tage« und Strawinskys szenisches Oratorium »Oedipus Rex« (1928, konzertante UA Paris 1927, Text von Jean Cocteau) erleben hier ihre Uraufführung. Doch politischer Druck von rechts führt schon 1931 zur Schließung des Hauses; 1933 zur Emigration gezwungen, arbeitet Klemperer in den USA und später in England vorwiegend als Konzertdirigent.

und Fall der Stadt Mahagonny« von Brecht und Weill zum Tragen kommt. Der für die Brechtsche Theorie zentrale Verfremdungseffekt wird – auf einer rein musikalischen Ebene – zum wichtigsten Stilmittel in Dimitri Schostakowitschs Oper »Die Nase« (Leningrad 1930, Text von Georgi Jonin, Arkadi Preiss, Jewgeni Samjatin und vom Komponisten). Diese fulminant umgesetzte Satire nach Nikolaj Gogol, in der eine verlorengegangene Nase plötzlich »in Gestalt eines Staatsrates« wiederauftaucht, weckt das Mißtrauen höchster staatlicher Organe und verschwindet nach kurzer Zeit vom Spielplan. Nicht besser ergeht es der zweiten und letzten von Schostakowitsch vollendeten Oper »Lady Macbeth von Mzesnk« (Leningrad 1934, Text von Arkadi Preiss und vom Komponisten nach einer Erzählung von Nikolaj Leskow), die erst 30 Jahre später wieder in einer ›politisch korrekten‹ Neufassung zu hören ist (»Katerina Ismailowa«, Moskau 1963).

Unumstrittener Anführer der osteuropäischen Avantgarde, die nicht nur im Bereich der Oper deutliche Akzente setzt, sondern vor allem auch auf den Tanzbühnen des Westens für Furore sorgt, ist Igor Strawinsky. Seine Pariser Ballett-

Uraufführungen gehören zu den spektakulärsten Theaterereignissen der Jahre zwischen 1910 (»L'oiseau de feu«) und 1920 (»Pulcinella«), mit dem skandalumwitterten »Le sacre du printemps« (1913) als Höhepunkt. Der Oper wendet er sich nach dem Märchenspiel »Le rossignol« (Paris 1914, Text vom Komponisten und Stepan Mitússow nach Hans-Christian Andersen) erneut Anfang der 20er Jahre zu: Der heitere Einakter »Mavra« (Paris 1922, Text von Boris Kochno) ist eine Hommage sowohl an Puschkin, Glinka und Tschaikowsky als auch an die italienische Opera buffa und gerade in dieser west-östlichen Synthese ein typisches Strawinsky-Werk; zugleich ist es der Auftakt zu seiner neo-klassizistischen Schaffensphase, die fast 30 Jahre währt und wiederum mit einer Oper zu Ende geht (»The Rake's Progress«, Venedig 1951, Text von Wystan Hugh Auden und Chester

Kurt Weill im Uraufführungsjahr des Songspiels »Mahagonny« (Baden-Baden 1927). Der Humperdinck- und Busoni-Schüler Weill nimmt Mitte der 20er Jahre Kontakt zu Bertolt Brecht auf, der ihm seine »Mahagonny«-Gesänge zur Vertonung überläßt. Das darauf basierende Songspiel wird ein großer Erfolg, doch er ist nichts gegen den Triumph, den im darauffolgenden Jahr »Die Dreigroschenoper« erlebt (Berlin 1928). Der Anteil Brechts an diesem Werk ist umstritten; zwar firmiert er als Autor und beansprucht auch den Löwenanteil der Tantieme, doch vieles spricht dafür, daß die Hauptautorschaft bei Brechts Mitarbeiterin Elisabeth Hauptmann liegt, die den ›Klassiker‹ – John Gays »Beggar's Opera« (London 1728) – wiederentdeckt, aus dem Englischen übersetzt und ihn Brecht bereits in einer geeigneten Bühnenfassung vorgelegt hat. Weil die sängerischen Anforderungen in den moritatenhaften Songs nicht allzu hoch sind, die szenische Realisation aber von guten Schauspielern ungemein profitiert, ist »Die Dreigroschenoper« eher im Sprechtheater als auf der Opernbühne zu Hause. »Aufstieg und Fall der Stadt Mahagonny« (Leipzig 1930), die dreiaktige Version des Songspiels, erfordert allerdings tatsächlich Personal und Bühne eines Opernhauses, denn dieses eine Mal kann Weill sich in seinem Ehrgeiz, eine ›richtige‹ Oper zu schreiben, gegen Brecht durchsetzen. Der tumultuarischen Uraufführung folgen bis 1931 noch einige weitere Inszenierungen, begleitet von lautstarken Protesten gegen das antikapitalistische »Propagandastück«.

Walter Felsenstein, gezeichnet von Otto Pankok. Als Regisseur gehört Felsenstein einem relativ jungen Berufsstand an. In der Barockzeit lag die Inszenierung in Händen der Theaterarchitekten und -ingenieure, für die Choreographien waren Ballettmeister verantwortlich; im 19. Jahrhundert nahmen Dirigenten und Komponisten teilweise Regieaufgaben wahr – Wagner z. B. inszenierte selbst –, doch das Berufsbild des Regisseurs als Künstler, der aus den Vorgaben von Textbuch und Partitur etwas Eigenes formt, kommt erst um die Jahrhundertwende auf, nachdem Theaterpraktiker und -theoretiker wie Adolphe Appia und Edward Gordon Craig das Ende der Illusionsbühne eingeläutet haben: Der Guckkasten wird zum Freiraum schöpferischer Phantasie. Felsenstein versucht in seiner Arbeit, das von Konstantin Stanislawski geprägte Ideal schauspielerischer Wahrhaftigkeit auf die Opernbühne zu übertragen. Singen wird als »dramatischer Zustand« begriffen, Oper zum ›Musiktheater‹ umgedeutet. Eine Reihe der wichtigsten Opernregisseure der Gegenwart beruft sich auf ihn als Lehrer. Zu Felsensteins berühmtesten Inszenierungen an der Komischen Oper in Berlin gehören »Orpheus in der Unterwelt« (1948), »Othello« (1959) und »Carmen« (1949, 1972).

Kallman nach einer Bilderfolge von William Hogarth).

Strawinskys ironische Stilparaphrase einer klassischen Oper samt Secco-Rezitativen und erhobenem Zeigefinger – ›Der bestrafte Bösewicht‹ könnte sie nach dem Untertitel von Mozarts »Don Giovanni« heißen – ist der Versuch, Tradition nutzbar zu machen und sich doch gleichzeitig von ihr zu distanzieren. Daß der Komponist diesen Weg, ungeachtet des großen Erfolges seiner Oper, als Sackgasse empfunden hat, dafür spricht seine radikale Neuorientierung in den 50er Jahren, die zu einer Annäherung an die Reihentechnik Arnold Schönbergs führt.

Der Stilpluralismus des Weltbürgers Strawinsky ist ein Indiz für die Auflösung nationaler Operntraditionen im 20. Jahrhundert. Doch die Zeit der Nationalopern ist noch nicht vorbei: Mit »Ero der Schelm« von Jakov Gotovac (Zagreb 1935, Text von Milan

Begovic) betritt Kroatien die internationale Szene, und auch Bayern meldet sich zu Wort: »Die Bernauerin« von Carl Orff (München 1947, Text vom Komponisten) mag zwar strenggenommen keine Oper sein, sondern ein melodramatisches Mundartstück mit nur einer einzigen Gesangsnummer (Lied des welschen Spielmanns), doch dem kraftvollen altbairischen Dialekt eignet eine unüberhörbare Musikalität, die im opulent besetzten Orchester vielfach widerhallt. Der Volksmusik Bayerns entlehnt Werner Egk zahlreiche Motive seiner Märchenoper »Die Zaubergeige« (Frankfurt/Main 1935, Text von Ludwig Andersen [= Ludwig Strecker] nach Franz Graf von Pocci), die in ihrer gemäßigt modernen, gelegentlich bitonal geschärften Harmonik das Maß dessen definiert, was den Machthabern in Deutschland gerade noch genehm war.

Eine Oper zu schreiben, die in ihrer Thematik ›volksnah‹ ist und auch der Volksmusik so nahekommt, daß sie als idiomatisch empfunden wird, gelingt George Gershwin mit »Porgy and Bess« (New York 1935, Text von Du Bose

Porgy, der bettelarme Krüppel auf seinem Ziegenwägelchen (Schlußszene im Bühnenbild der Uraufführung mit dem Baßbariton Robert Todd Duncan in der Titelrolle). »Porgy and Bess« trägt stark veristische Züge, erkennbar in der realistischen Darstellung des Milieus der Kleinen Leute, aber auch in der Textgestaltung, die einen natürlichen, dialektgefärbten Tonfall anstrebt. Gershwin lebt einige Zeit in Charleston (South Carolina), wo auch die Handlung spielt, um Sprache und Musik der schwarzen Bevölkerung zu studieren. In Los Angeles, seinem Hauptwohnsitz, freundet er sich mit Arnold Schönberg an, seinem Hausnachbarn, den die Nazis aus Berlin vertrieben haben.

Das kompositorische Schaffen Igor Strawinskys erstreckt sich über mehr als ein halbes Jahrhundert und umfaßt alle Gattungen der Vokal- und Instrumentalmusik. Viele seiner Werke, besonders die Ballette, sind Meilensteine der Musik des 20. Jahrhunderts. »The Rake's Progress« ist eine der tragenden Säulen des modernen Opernrepertoires, nicht zuletzt wegen des ausgezeichneten Librettos von Auden und Kallman, einem Autorengespann, das auch für Hans Werner Henze tätig wird. »Keine gute Opernhandlung kann ›vernünftig‹ sein«, sagt Auden, »denn wenn die Leute ›vernünftig‹ sind, singen sie nicht.«

Heyward und Ira Gershwin), obwohl die Musik tatsächlich reine Erfindung des Komponisten ist. Songs wie »Summertime« sind im Bewußtsein von Millionen Hörern als Evergreens oder Jazz-Standards, aber nicht unbedingt als ›Opernschlager‹ präsent.

Radio, Schallplatte und die hervorragende Verfilmung durch Otto Preminger (USA 1959) haben »Porgy and Bess« zu einer der bekanntesten und, aufgrund der multimedialen Vermarktung, auch kommerziell erfolgreichsten Opern des 20. Jahrhunderts gemacht. Allerdings brauchte es eine gewisse Zeit, tief eingewurzelte Vorbehalte auszuräumen gegenüber einem Werk, das unter Schwarzen spielt und auch mit schwarzen Darstellern besetzt ist, denn noch in den 20er Jahren sind es oft weiße Schauspieler, die, in entsprechender Maske, als Schwarze auf der Bühne stehen. (Die Altistin Marian Anderson singt erst 1955, mehr als 70 Jahre nach Eröffnung der New Yorker Metropolitan Opera, als erste farbige Sängerin an diesem Haus.) Weil Gershwin ein schwarzes Ensemble ausdrücklich verlangt, ist »Porgy and Bess« in Europa vorwiegend in Inszenierungen reisender amerikanischer Operntruppen zu sehen.

Der Dirigent Ferenc Fricsay. An Stelle des erkrankten Otto Klemperer übernimmt Fricsay kurzfristig die Uraufführung von »Dantons Tod«. Die umjubelte Salzburger Premiere wird zum Auftakt einer großen, doch durch Fricsays frühen Tod im Jahr 1963 jäh beendeten Karriere. Die Dirigierstudie zeigt ihn in den 50er Jahren in West-Berlin, wo er eine Zeitlang die städtische Oper und das RIAS-Symphonieorchester leitet.

Zwischen Anti-Oper und Neo-Romantik: Das Musiktheater definiert sich neu

Den Komponisten, die Krieg und Verfolgung überlebt haben, wird spätestens nach Kriegsende bewußt, wieviel von dem, was Oper einmal war, die Vernichtungsmaschinerie des Dritten Reiches unter sich begraben hat. Nicht nur in Deutschland folgt dem Stillstand des Musiklebens eine Phase der Orientierungslosigkeit, die von der jüngeren Komponistengeneration erst durch die produktive Auseinandersetzung mit der Schönberg-Schule überwunden wird. Die Zwölftontheorie und die aus ihr hergeleiteten Konzepte (»serielle Musik«) sind der Schlüssel zu einem Neubeginn, der sich ebenso heftig gegen die gemäßigte Moderne stellt wie gegen die abgenutzten Traditionen der Spätromantik. Die künstlerische Avantgarde geht wohl auch deshalb auf Distanz zur Oper, weil sich mit kleinen Formen und Besetzungen besser experimentieren läßt, und so bleibt es in den Nachkriegsjahren den Angehörigen der Zwischengeneration oder älteren Komponisten wie Hindemith, Egk und Orff überlassen, mit neuen Werken an die Öffentlichkeit zu treten.

Bei den Salzburger Festspielen des Jahres 1947 sorgt Gottfried von Einem für Aufsehen mit dem Revolutionsdrama »Dantons Tod« nach Georg Büchner (Text vom Komponisten in

»Moses und Aron«: Bühnenbildentwurf von Achim Freyer (Köln 1978).

Als fast 60jähriger findet Schönberg zum jüdischen Glauben zurück. Sein letztes Bühnenwerk ist das Ergebnis einer langjährigen Beschäftigung mit religiösen Fragen. Die Anfang der 30er Jahre begonnene Komposition beruht auf Plänen zu einer Kantate bzw. zu einem Oratorium, was den hohen Anteil des Chores in der Opernfassung erklärt. Nach Beendigung der ersten beiden Akte vergehen Jahre, ehe Schönberg sich auch mit dem dritten Akt befaßt, der jedoch bis auf den Text und einige Skizzen unvollendet bleibt. Die szenische Uraufführung der beiden ersten Akte findet 1957, sechs Jahre nach Schönbergs Tod, in Zürich statt; zwei Jahre später wird in Berlin erstmals auch der dritte Akt realisiert, indem man den gesprochenen Text mit Musik aus dem ersten Akt unterlegt. Moses, dem eine Sprechrolle (mit ungefährer Notation der Tonhöhe) zugewiesen ist, steht für die Abstraktion und ›reine Lehre‹, Aron, eine Tenorpartie, verkörpert die sinnliche Anschauung, und es ist wohl erlaubt, darin ein Symbol zu sehen für die Polarität des künstlerischen Schaffens, die Schönberg selbst als inneren Zwiespalt erlebt.

Benjamin Britten ist der nach Strauss und Puccini meistgespielte Opernkomponist des 20. Jahrhunderts. Mit ihm hält England, das lange Zeit abseits der Musikentwicklung auf dem Festland stand, glanzvoll Einzug in die internationale Opernwelt. Schon Brittens erste Oper, das Seestück »Peter Grimes« (London 1945, Text von Montagu Slater) erobert auf Anhieb zahlreiche ausländische Bühnen; bis zu seiner letzten Oper, »Death in Venice« (Aldeburgh 1973, Text von Myfanwy Piper nach Thomas Mann), reißt die Serie der Erfolge nicht mehr ab, nur »Gloriana« (London 1953, Text von William Plomer), das pompöse Auftragswerk aus Anlaß der Krönung von Königin Elisabeth II., mißfällt, weil die Namensvetterin, Elisabeth I., in Brittens Oper wenig sympathische Charakterzüge wie Grausamkeit und Eitelkeit an den Tag legt. Ungeteilt ist die Begeisterung für »A Midsummer Night's Dream« (Aldeburgh 1960, Text von Peter Pears und vom Komponisten), in dem Britten Shakespearsches Welttheater auf zeitgemäße Weise interpretiert. Die höchst effektvolle Orchestrierung weist jeder der drei Handlungsebenen eine spezielle Klangsphäre zu; ›very british‹ ist die Besetzung des Elfenkönigs Oberon mit einem Countertenor; die Theateraufführung der Handwerker im dritten Akt wird zur geistreichen Parodie der italienischen Oper.

Zusammenarbeit mit Boris Blacher), das an der tonalen Harmonik festhält und formal einer klaren Nummerndisposition folgt. In scharfem Kontrast zur verhalten kantablen Linienführung der Titelpartie stehen die aggressiv lärmenden Chorszenen des Pariser Volks.

Wie von Einem ist auch Wolfgang Fortner kein Vertreter der jungen Avantgarde, doch setzt er sich nach dem Krieg mit Schönbergs Reihentechnik auseinander und findet so aus dem Fahrwasser des Neo-Klassizismus heraus. Seine »Bluthochzeit«, eine Literaturoper nach García Lorca (Köln 1957, Nachdichtung von Enrique Beck), gründet in der festen Überzeugung, »daß die Erneuerung des musikalischen Theaters ... von der Eroberung des Schauspiels durch den Musiker ausgehen muß.« Hans Werner Henze, Fortners Schüler, setzt diesen Weg auf unbefangene Weise fort. Die ›Sprechoper‹ »Das Wundertheater« (Heidelberg 1949, Text vom Komponisten nach Miguel Cervantes) steht am Anfang einer bis heute mehr als 20 Ballettmusiken und Opern umfassenden Reihe von Bühnenwerken.

Schon in »Boulevard Solitude« (Hannover 1952, Text von Grete Weil), einer aktualisierten Fassung von »Manon Lescaut«, in der weitgehend serielle Kompositionsabläufe von Puccini- und Jazz-Zitaten unterbrochen werden, offenbart Henze eine gewisse Skepsis gegenüber den Generationsgenossen und ihrer konstruktivistischen Ästhetik, die er mit »trockener Algebra« vergleicht. »Der junge Lord« (Berlin 1965, Text von Ingeborg Bachmann nach einer Erzählung von Wilhelm Hauff), eine Komödie ohne Happy-End, läßt die Ensemble-Oper Mozarts und Rossinis und mit ihr auch die Tonalität vorübergehend wiederauferstehen.

»Die Bassariden« (Salzburg 1966, Text von Auden und Kallman nach Euripides) beleben das Genre der Opera seria neu, allerdings stark verfremdet durch eine hochromantische Instrumentation und kaleidoskopartig vermischte Stilzitate aus verschiedenen Epochen; eingefügt ist ein Intermezzo im Gewand eines barocken Schäferspiels.

Während Henze unverdrossen an der sogenannten Handlungsoper festhält und seine politischen Ansichten bis gegen Ende der 60er Jahre noch recht zurückhaltend formuliert, sprengt Luigi Nono die klassische Dramaturgie und spart auch nicht an politischem Zündstoff in seiner ›szenischen Aktion‹ »Intolleranza 1960« (Venedig 1961, Text von Angelo Maria Ripellino unter Verwendung von Texten diverser Autoren). Die Protagonisten sind namenlos, aus-

Bernd Alois Zimmermann im Uraufführungsjahr seines Hauptwerks »Die Soldaten« (Köln 1965, Text vom Komponisten nach dem Schauspiel von Jakob Michael Reinhold Lenz). Die zunächst als unspielbar zurückgewiesene Partitur lenkt den unerbittlichen Serialismus der Nachkriegs-Avantgarde (der Zimmermann sich nur halb zugehörig fühlte) in eine mehr der Musiktradition zugewandte Richtung. Die durch die Simultandarstellung verschiedener Zeit- und Handlungsebenen, Multi-Media-Einsatz (Filmprojektionen, Tonbandeinspielungen) und Collage-Technik (Gregorianik, Bach-Choräle, Jazz) vom Auseinanderfallen bedrohte Werkstruktur wird durch eine strenge Materialdisposition (symmetrische Allintervall-Zwölftonreihe) gefestigt; die an Bergs »Wozzeck« erinnernden Szenenüberschriften (Ciacona, Toccata, Rondino etc.) bezeichnen eher Satzcharaktere als wirkliche formale Bezüge. Die klassischen drei Einheiten der Handlung, des Ortes und der Zeit, deren Gültigkeit schon Lenz negiert, sind für Zimmermann völlig gegenstandslos: »Zukunft, Gegenwart und Vergangenheit werden vertauschbar«, sagt er und kleidet diesen Gedanken in die Metapher von der »Kugelgestalt der Zeit«. Nicht wenige halten »Die Soldaten« für eine ›Jahrhundert-Oper‹; eine der bedeutendsten Schöpfungen der Nachkriegszeit ist sie gewiß.

tauschbar wie die Bilder des modernen Schreckens in dieser trostlosen Collage: Unterdrückung, Folter, KZ-Gefangenschaft, Umweltkatastrophen beherrschen die Szenerie, und doch klingt im Schlußchor so etwas wie Hoffnung an. Daß ein auf den ersten Blick so ungewöhnliches Werk durchaus Vorbilder in der Operntradition des frühen 20. Jahrhunderts hat, zeigt ein Vergleich mit Schönbergs Melodramen und Janáčeks »Aus einem Totenhaus« (UA postum Brünn 1930, Text vom Komponisten nach Dostojewski), einer Oper, die in der Aneinanderreihung von Szenen aus einem sibirischen Straflager ähnlich dokumentarisch verfährt.

In der Tradition der seit den 20er Jahren anhaltenden, damals vor allem von Frankreich ausgehenden Rezeption antiker Stoffe und Gestalten – beispielhaft dafür ist Arthur Honeggers »Antigone« (Brüssel 1927, Text von Jean Cocteau) – steht »Ulisse« von Luigi Dallapiccola (Berlin 1968, Text vom Komponisten unter Verwendung von Texten diverser Autoren), ein Alterswerk, das nicht nur als Summe eines Lebens (»Il risultato di tutta la mia vita«), sondern auch als vorläufige Bilanz eines Jahrhunderts gelten kann, insofern nämlich, als darin drei Grundtendenzen der modernen Oper zum Ausdruck kommen: literarischer Anspruch, Konstruktionsdenken und, last but not least, italienische Kantabilität.

Einen vieldiskutierten ersten Schritt in Richtung Anti-Oper unternimmt Mauricio Kagel in »Sur scène« (Bremen 1962), ein »kammer-

»Die Soldaten« (Klavierauszug S. 534): Im oberen System sind »angreifende Tiefflieger« notiert, darunter »Militärkommandos«.

musikalisches Theaterstück« für drei Instrumentalisten und drei Akteure: ein Musikprofessor, der zusammenhangloses Zeug redet, ein Mime und ein Sänger, die sich gegenseitig imitieren. Auf größere Dimensionen übertragen wird das Konzept in »Staatstheater« (Hamburg 1971): Neun selbständige Opern-Handlungen wie »Kontra-Danse« (Ballett für Nichttänzer) oder »Ensemble« (für 16 Stimmen) können fast beliebig miteinander kombiniert werden, aber es besteht ein Zwang zur kreativen Auswahl, denn die Summe der Einzelaktionen überschreitet die verbindlich vorgegebene Gesamtdauer von 100 Minuten.

Als Anti-Anti-Oper in bewußt schlichter, an mittelalterliche Jahrmarktsspiele angelehnter Dramaturgie versteht sich György Ligetis »Le Grand Macabre« (Stockholm 1978, Text von Michael Meschke und vom Komponisten nach Michel de Ghelderode). Ligetis Orchester versammelt vom Cembalo bis zur elektrischen Türklingel, vom Kochtopf bis zur Kuckuckspfeife ein Arsenal vorwiegend parodistisch eingesetzter Klänge; zum Auftakt intonieren Autohupen eine Toccata à la Monteverdi.

An die Renaissance-Tradition der Rappresentazioni sacre knüpft das oratorienhafte »Paradise Lost« von Krzysztof Penderecki an (Chicago 1978, Text von Christopher Fry nach John Milton); der Komponist, einst Vorreiter neuer Satztechniken und Notationsformen, geht in diesem Werk zur neo-romantischen Schreibweise über, die Ende der 70er Jahre zu einer der Hauptströmungen im zeitgenössischen Opernschaffen wird. Reihentechnische

Kompositionsverfahren haben deswegen nicht ausgedient, wie die erfolgreichen Opern von Aribert Reimann zeigen; sein »Lear« (München 1978, Text von Claus H. Henneberg nach Shakespeare) ist eines der meistinszenierten neuen Opernwerke der letzten 20 Jahre. Aus einer einzigen, dreifach unterteilten Reihe (»Superformel«) wächst seit 1977 die gewaltige »Licht«-Heptalogie von Karlheinz Stockhausen hervor (bisher: »Donnerstag«, Mailand 1981; »Samstag«, Mailand 1984; »Montag«, Mailand 1988; »Dienstag«, Leipzig 1993; »Freitag«, Leipzig 1996, Texte vom Komponisten). Die enormen aufführungstechnischen Schwierigkeiten und der notwendige Spezialisierungsgrad der Beteiligten (Instrumentalisten, Tänzer, Gesangssolisten, Chöre) lassen jedoch befürchten, daß sich der Zyklus mit jedem neuen Teilstück der Unaufführbarkeit weiter annähert.

Henzes »Der junge Lord« (Zirkusszene im ersten Akt) in der farbenprächtigen Inszenierung Gustav Rudolf Sellners (Wien 1978, Bühnenbild und Kostüme von Federico Pallavicini); Sellner ist auch der Regisseur der Uraufführung. Der junge Lord, angeblicher Neffe des reichen Neuankömmlings Sir Edgar, wirft mit Teetassen und Goethe-Zitaten um sich. Die Provinzler in Hülsdorf-Gotha sind entzückt, bis sich herausstellt: Der Lord ist ein dressierter Affe.

Zuschauerraum der 1878 eröffneten Semper-Oper in Dresden (1985 nach Kriegszerstörung wiederaufgebaut); der ebenfalls von Gottfried Semper entworfene Vorgängerbau wurde 1869 durch einen Brand vernichtet.

Am Grundriß der (halb-)kreisförmig von ansteigenden Sitzreihen umgebenen griechischen Arena orientieren sich fast alle Theaterbauten seit der Renaissance. Schon in der Antike bildet den hinteren Abschluß der zentralen Spielfläche (*orchestra*) ein schmales Podium (*skene*) mit einer als Häuser- oder Tempelfront gestalteten Rückwand (*scenae frons*). Diesem Vorbild entspricht auch das im letzten Drittel des 16. Jahrhunderts erbaute Teatro Olimpico in Vicenza, dessen Scenae frons durch drei Portale den Blick auf eine steil ansteigende Hinterbühne freigibt (siehe Seite 12); bespielbar ist freilich nur die schmale Vorbühne.

In der Barockzeit wird durch den Wegfall der Scenae frons und die Aufstellung perspektivisch gestaffelter Kulissen eine größere optische Raumtiefe erreicht, aber auch die Bühne selbst wird erweitert (das 1618 erbaute Teatro Farnese in Parma weist bereits eine Bühnentiefe von 38 m auf); der Zuschauerraum nimmt häufig Hufeisenform an. Das Orchester hat bei Opernaufführungen im Raum vor der Bühne – der antiken *orchestra*, heute Parkett genannt – seinen Platz. Erst gegen Ende des 19. Jahrhunderts wird es allgemein üblich, die Musiker in einem Orchestergraben verschwinden zu lassen und sie so den Blicken der Zuschauer zu entziehen.

Der barocken Kulissenbühne folgt die Guckkastenbühne, die den Eindruck eines geschlossenen Raums vermitteln soll (mit einer unsichtbaren ›vierten Wand‹ zum Zuschauerraum). Das Theater des 20. Jahrhunderts wendet sich jedoch zunehmend von illusionistischen Bühnenformen wie diesen ab und bezieht auch den Zuschauerraum in die szenische Konzeption ein.

Das Rangtheater, früher zumeist mit abgeteilten Logen in übereinanderliegenden Rängen bzw. Galerien ausgestattet, ist bei Opernhäusern die bis heute vorherrschende Bauform. Das an Höhe und Raumvolumen den Zuschauerraum zumeist weit überragende Bühnenhaus kann mit einem Eisernen Vorhang in Sekundenschnelle abgeschottet werden, um das Übergreifen von Bränden zu verhindern (Feuerschutz-Vorschrift seit 1889). Die Bühnenöffnung, d. h. der Übergang zwischen beiden Gebäudeteilen, wird Portal oder Proszenium genannt. Zu den wichtigsten technischen Neuerungen des Theaters gehört neben der Einführung des elektrischen Lichts die Drehbühne, die rasche und weitgehend geräuschlose Verwandlungen ermöglicht.

Grundriß des 1778 eröffneten Teatro alla Scala in Mailand: Die vorderen Räume beherbergen die Gastronomie; dem Fürsten und seiner Familie sind die Mittelloge und eine weitere Loge vorn links am Bühnenrand (Nr. 4) vorbehalten.

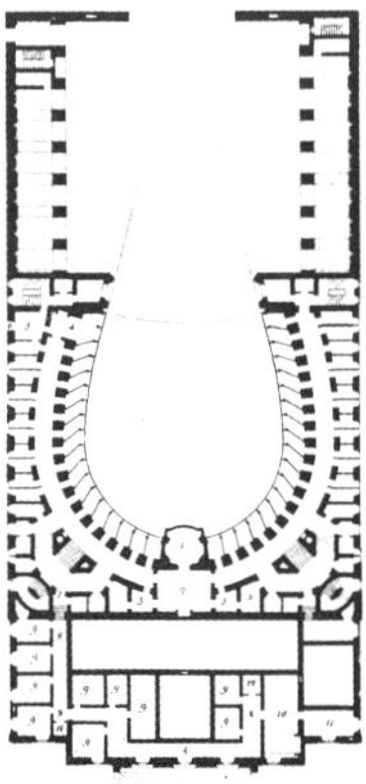

Berlin

Berlin ist seit der Wiedervereinigung Deutschlands eine Stadt mit drei Opernhäusern. Das älteste ist die nach ihrem Standort Unter den Linden benannte Staatsoper, ein von Georg Wenzeslaus von Knobelsdorff entworfenes Gebäude, das bei seiner Eröffnung im Jahr 1742 ca. 1000 Zuschauern Platz bot; seit dem Wiederaufbau nach dem Zweiten Weltkrieg faßt das Haus 1400 Zuschauer. 1925 hatte an der Lindenoper Alban Bergs »Wozzeck« Premiere.

Das größere Opernhaus (1900 Plätze) ist die Deutsche Oper Berlin, die 1961 auf dem Gelände der ehemaligen städtischen Oper nach Plänen des Architekten Fritz Bornemann errichtet wurdc und u. a. die Uraufführung von Henzes »Der junge Lord« (1966) und Dallapiccolas »Ulisse« (1968) erlebte. Neben diesen Häusern, an denen Opern, wie es auch andernorts üblich ist, zumeist in der Originalsprache aufgeführt werden, gibt es in Berlin die sogenannte Komische Oper (1300 Plätze), die traditionell Produktionen in deutscher Sprache herausbringt. 1947 gegründet, war sie fast 30 Jahre lang die Wirkungsstätte Walter Felsensteins.

Dresden

Dresden besitzt eines der traditionsreichsten Opernhäuser der Welt. Seit der Barockzeit hat die Stadt mit ihrer jetzt 450 Jahre alten Staatskapelle – Wagner nannte sie eine »Wunderharfe« – immer wieder große Komponisten und Dirigenten angezogen; entsprechend lang und bis heute nicht abgerissen ist die Reihe bedeutender Uraufführungen, unter ihnen allein drei Wagner-Opern sowie fast alle Opern von Richard Strauss. Das von Gottfried Semper entworfene, im Zweiten Weltkrieg zerstörte und erst 1985 nach mehrjähriger Bauzeit wiedereröffnete Opernhaus ist Hauptschauplatz der jährlichen Dresdner Musikfestspiele.

London

Londons Royal Opera House Covent Garden wurde 1732 gegründet und bietet heute, nach diversen Bränden, mehrfachen Umbauten und Erweiterungen, mehr als 2000 Zuschauern Platz. Covent Garden, der Uraufführungsort von Webers »Oberon«, hat vor allem im 20. Jahrhundert etliche Weltpremieren erlebt. Das zweite, noch etwas größere Londoner Opernhaus ist die National Opera, die ähnlich wie die Komische Oper in Berlin internationales Repertoire in der Landessprache präsentiert.

Mailand

Mailand besitzt mit dem Teatro alla Scala das größte (3600 Plätze), vor allem aber das renommierteste Opernhaus Italiens, wenn nicht der ganzen Welt. 1778 nach Plänen von Giuseppe Piermarini und nur zweijähriger Bauzeit eröffnet, hat sich die Scala schon im 19. Jahrhundert zur internationalen Kultstätte der italienischen Oper entwickelt. An die Scala verpflichtet zu werden, ist die Krönung jeder Gesangskarriere. Seinen hervorragenden Ruf verdankt das Haus nicht zuletzt dem Wirken einer Reihe bedeutender Dirigenten von Franco Faccio über Arturo Toscanini und Tullio Serafin bis zu Carlo Maria Giulini, Claudio Abbado und Riccardo Muti.

New York

Auf eine mehr als 100jährige Tradition blickt die Metropolitan Opera in New York zurück. Seit dem Umzug ins neuerbaute Lincoln-Center (1966) bietet die ›Met‹ rund 4000 Zuschauern Platz. Als Bühne der Superstars kommt ihr eine besondere Bedeutung zu, denn an New York orientieren sich alle anderen Opernhäuser bei der Festlegung ihrer Spitzengagen, die zur Zeit (1998) – Ausnahmen bestätigen die Regel – bei knapp 15 000 Mark pro Abend liegen. Zu den wichtigsten Uraufführungen an der Metropolitan Opera gehören Puccinis »Il trittico« und »La fanciulla del West«.

Paris

Hauptschauplatz des Pariser Opernlebens ist seit 1989 der riesige Neubau der Opéra Bastille (2700 Plätze), doch als ›die‹ Pariser Oper gilt nach wie vor die von Charles Garnier entworfene Grand Opéra (eingeweiht 1875), ein Haus mit ca. 2200 Plätzen, das heute vorwiegend für Ballettaufführungen genutzt wird.

Daneben existiert die 1898 neuerbaute Opéra-Comique (Salle Favart), an der u. a. Debussys »Pelléas et Mélisande« und Charpentiers »Louise« zur Uraufführung gelangten.

Salzburg

Das 1960 eingeweihte Große Festspielhaus in Salzburg (Architekt: Clemens Holzbauer) faßt rund 2200 Zuschauer; beeindruckender als diese Zahl sind die gigantischen Ausmaße der Bühne mit einer bis auf 30 m erweiterbaren Portalbreite und einem Orchesterraum für 120 Musiker. Das 1927 eingeweihte Kleine Festspielhaus besitzt mit 1400 Plätzen eine etwa doppelt so große Kapazität wie das traditionsreiche, auch außerhalb der Festspielzeiten genutzte Landestheater.

Wien

Die Wiener Staatsoper steht in einer Reihe mit der Scala und der Met, die sie jedoch, was die Höhe der Eintrittspreise angeht, deutlich übertrifft. 1863–1869 nach Plänen von Eduard van der Nüll und Siccard von Siccardsburg erbaut, wurde sie nach Kriegszerstörung 1955 wiedereröffnet und bietet heute, 567 Stehplätze eingerechnet, knapp 2300 Besuchern Platz. Regelmäßig bespielt wird außer der 1898 erbauten Volksoper (1300 Plätze) auch das 1801 eingeweihte Theater an der Wien, der Ort der Uraufführung von Beethovens »Fidelio«.

Glossar

A cappella: unbegleiteter Chorgesang; Hauptpflegestätte des A-cappella-Gesangs ist die Sixtinische Kapelle in Rom

Accompagnato: orchesterbegleitetes Rezitativ im Unterschied zum meist nur vom Cembalo gestützten *secco*-Rezitativ

Alexandriner: zwölf- oder dreizehnsilbiger Vers in der Dichtung des romanischen Sprachraums

Alt/Altus: Stimmlage zwischen Tenor und Sopran (siehe Stimmfächer)

Arie: mehrteiliges Sologesangsstück mit Instrumentalbegleitung (siehe auch Seite 49f.)

Arioso: melodiöses Rezitativ, auch kurze Arie

Atonalität: bewußte Vermeidung traditioneller Harmonik (Dur-/Moll-Tonalität), Gleichbehandlung von Konsonanz und Dissonanz

Ballad opera: englischer Vorläufer der Operette, oft als Parodie der italienischen Oper

Ballet de cour: Hofballett, bestehend aus mehreren *entrées* und einem abschließenden *grand ballet*

Bariton: mittlere männliche Stimmlage (siehe Stimmfächer)

Bariton-Martin: tenoral gefärbter Bariton mit besonders leicht ansprechender Höhe (nach Jean-Blaise Martin, einem Star der Opéra-Comique)

Baß: tiefste Männerstimme (siehe Stimmfächer)

Baßbariton: Baßstimme mit gut entwickelter Höhe (im Gegensatz zum ›schwarzen‹ Baß mit besonders tiefer und dunkler Stimme)

Basso continuo: Generalbaß (siehe dort)

Belcanto: ital. ›Schöngesang‹, ausgerichtet auf besonderen Wohllaut und artistische Beherrschung der Stimme

Buffo: auf komische Rollen spezialisierter Sänger (Baß-, Tenorbuffo), sein weibliches Pendant ist die Soubrette oder Spielaltistin

Chaconne: auf einer wiederkehrenden Baßfigur aufgebautes Instrumentalstück

Chromatik: Benutzung von nicht zur Grundtonart gehörigen Halbtonschritten

Comédie-ballet: französische Mischform aus Schauspiel und Ballett

Commedia dell'arte: klassische italienische Stegreifkomödie mit feststehenden Rollen

Couleur locale: orts- oder milieutypische Einfärbung von Musik und Szenerie

Countertenor: männliche Altstimme englischer Tradition

Couplet: mehrstrophiges Gesangsstück der französischen Operette

Da-capo-Arie: mehrteiliges strophisches Gesangsstück mit verzierter Wiederholung des Anfangsteils

Deus ex machina: plötzliches Eingreifen einer gottähnlichen Gestalt in die Bühnenhandlung, oft durch Einsatz der Theatermaschinerie mit großem Effekt in Szene gesetzt

Diatonik: Tonfortschreitung in den Intervallabständen der siebenstufigen (Dur-/Moll-)Tonleiter (im Unterschied zur chromatischen Tonleiter)

Divertissement: Gesangs- und Tanzeinlage in französischen Schauspielen und Opern

Dodekaphonie: auf den zwölf Halbtönen der chromatischen Tonleiter aufbauende Kompositionstechnik (siehe Zwölftontechnik)

Dramma giocoso: italienische heitere Oper

Dramma per musica: italienische (ernste) Oper im 18. Jahrhundert

Duett: Gesangsstück für zwei Solostimmen

Ensemble: Musikergruppe bzw. Gesangsszene mit mehreren Personen

Epilog: Nachspiel zu einem Bühnenstück

Falsett: hohes Register der Männerstimme; durch entsprechende Schulung der Falsettstimme (Kopfstimme) bewältigen auch Männer Partien in Alt- und sogar Sopranlage

Favola in musica: Bezeichnung früher italienischer Opern

Figurine: Kostümentwurf bzw. Modellbild für eine bestimmte Rolle

Finale: Schlußszene einer Oper bzw. eines Opernaktes

Fuge: kunstvolle polyphone Komposition, entwickelt aus einem einzigen Thema, das nacheinander in allen Stimmen wiederkehrt

Generalbaß: in der Barockzeit übliche Kompositionsweise, bei der außer der Melodiestimme lediglich die Baßnoten angegeben werden; die Mittelstimmen werden improvisatorisch aufgefüllt, ein System von Ziffern gibt Aufschluß über den harmonischen Verlauf

Gesamtkunstwerk: über die Verbindung von Drama und Musik hinausgehende Einheit der Künste in einem Bühnenwerk

Grand opéra: aufwendig ausgestattete französische ernste Oper im 19. Jahrhundert

Hosenrolle: von einer Sängerin verkörperte Männerrolle

Instrumentales Theater: Musizieren als theatralischer Akt, Kompositionsmaterial sind alle Elemente der Darbietung

Intermedium: musikalisch-szenische Einlage zwischen den Akten eines Theaterstücks

Intermezzo: komische Kurzoper in zwei oder drei Szenen als Einlage zu einer Opera seria

Kanzone (Canzona): schlichte Opernarie

Kastrat: Sänger, dessen Stimmbruch durch eine Operation an den Keimdrüsen unterbunden wurde, so daß seine jugendliche Alt- oder Sopranstimme erhalten bleibt

Kavatine: meist zweiteilige Arie, deren A-Teil im Unterschied zur Dacapo-Arie nicht wiederholt wird;

cavata nannte man früher ein Arioso am Schluß eines Rezitativs

Kitharöde: Dichter und Sänger der Antike, der sich auf einer Kithara (griechisches Saiteninstrument) begleitet

Koloratur: Gesangsverzierung durch schnelle Läufe, Akkordbrechungen, Triller und Sprünge

Kontrapunkt: polyphone Schreibweise nach den Regeln des sogenannten strengen Satzes, wobei die Stimmen melodisch selbständig und häufig in Gegenbewegung zueinander geführt werden

Leitmotiv: Ton- oder Akkordfolge, die eine Person oder Situation charakterisiert und als musikalisches Symbol mehrfach wiederanklingt

Libretto: Textbuch einer Oper

Lieto fine: ›Happy-End‹ der Barockoper

Madrigal: Chorlied meist weltlichen Inhalts

Melisma: mehrere Melodietöne auf einer Textsilbe gesungen, im Gegensatz zur syllabischen Vertonung (wie z. B. im Rezitativ)

Melodram: Rezitation oder pantomimische Darstellung mit Instrumentaleinlagen oder instrumentaler Untermalung; als ›Mono-‹ oder ›Duodram‹ bezeichnet man ein Melodram für eine bzw. zwei Personen

Messa di voce: An- und Abschwellen der Stimme als wesentliches Gestaltungmittel des Belcanto

Mezzavoce: mit halber Stimme gesungen

Mezzosopran: Frauenstimme zwischen Alt und Sopran (siehe Stimmfächer)

Monodie: generalbaßbegleiteter Sologesang

Moresca: grotesker, pantomimisch ausgeführter Tanz (Narrentanz, Mohrentanz), auch Fechttanz, der die Auseinandersetzung zwischen Christen und Mauren (Marisken) darstellt

Motette: Chorstück, meist a cappella und vorwiegend mit geistlichem lateinischem Text

Musikdrama: das Gesamtkunstwerk Oper, im engeren Sinne die durchkomponierten Opern Richard Wagners

Musiktheater: Oberbegriff für moderne Opern und verwandte musikalisch-szenische Darbietungen

Neue Musik (*musica nova*): die musikalische Avantgarde aller Zeiten, speziell seit 1945

Nummern-Oper: in Chöre, Ballette usw. gegliederte Oper, deren einzelne Teile in sich geschlossene Musikstücke darstellen; das Gegenteil ist die durchkomponierte Oper

Opéra comique: französische Oper mit gesprochenen Dialogen

Opera buffa: mit Rezitativen ausgestattete heitere italienische Oper des 18. und frühen 19. Jahrhunderts

Opera semiseria: zwischen heiterem und ernstem Genre angesiedelte Oper

Opera seria: Hauptgattung der italienischen Barockoper, in der Regel mit historischem oder mythologischem Sujet

Operette: musikalische Komödie mit gesprochenen Dialogen, hervorgegangen aus Vaudeville und Opéra comique

Oratorium: Werk für Solostimmen, Chor und Orchester mit ursprünglich religiöser, später auch weltlicher Thematik

Ouvertüre: Orchesterstück zum Auftakt einer Oper, auch Einleitungssatz eines mehrteiligen Instrumentalwerks

Parlando: flüssig vorgetragener, dem Duktus der gesprochenen (Alltags-)Sprache angenäherter Gesang

Partitur: übersichtlich angeordnete Niederschrift der Noten und Spielanweisungen aller an einer Komposition beteiligten Stimmen und Instrumente

Passacaglia: Variationssatz über einem fortlaufend wiederholten (Baß-)Motiv

Pasticcio: Zusammenstellung von Musikstücken verschiedener Herkunft zu einem neuen Werk

Pastorale: das Hirtendasein oder das Leben auf dem Land in idealisierender Weise darstellende Komposition bzw. Dichtung

Pléiade: Kreis französischer Poeten des 16. Jahrhunderts, benannt nach einer siebenköpfigen Gruppe von alexandrinischen Tragödienautoren (3. Jahrhundert v. Chr.)

Polyphonie: Vielstimmigkeit, gleichzeitiges Erklingen gleichberechtigter Stimmen im Unterschied zur Homophonie, die neben der Hauptstimme nur unselbständige Nebenstimmen (Füllstimmen) kennt

Polytonalität: gleichzeitiges Erklingen verschiedener Tonarten

Primaballerina: erste Solotänzerin in einer Ballett-Truppe

Primadonna: weiblicher Opernstar, Sängerin der Hauptrollen in der (italienischen) Oper, ihr männliches Pendant ist der *primo uomo*; *primadonna assoluta* ist eine Sängerin, die das Koloraturfach, das lyrische und das dramatische Fach beherrscht; die Besetzung der zweiten Hauptrolle wird *seconda donna* bzw. *second'uomo* genannt

Programmusik: Musik, die eine Vorstellung von außermusikalischen Vorgängen erwecken will, z. B. durch Nachahmung von Naturerscheinungen

Prolog: szenisches Vorspiel

Prosodie: Verhältnis der Silben zueinander bzw. Lehre von den Akzenten in einem Vers

Rappresentazione sacra: geistliches Schauspiel mit Musik

Reihentechnik: Anwendung von Tonfolgen, die aus den zwölf Tönen bzw. elf Intervallen der chromatischen Reihe gebildet werden (siehe auch serielle Musik)

Rettungsoper: Oper, in der die Errettung der Hauptperson(en) aus hoffnungsloser

Lage geschildert wird

Rezitativ: syllabischer Gesang in der Oper, hervorgegangen aus dem *stile recitativo* der Monodie; als *recitativo accompagnato* von mehreren Orchesterinstrumenten, als *recitativo secco* nur von Generalbaßinstrumenten und/oder Cembalo begleitet

Ritornell: instrumentales Zwischenspiel oder mehrfach wiederkehrende musikalische Episode (z. B. in einer Arie)

Romanze: schlichtes, oft sentimentales Strophenlied französischer Tradition

Rondo: aus einem wiederkehrenden Thema und diversen Zwischenspielen gebildete Komposition (Grundschema a-b-a-c-a-d usw.)

Scrittura: ital. Opernauftrag

Semi opera: engl. Oper mit gesprochenen Dialogen

Serielle Musik: auf der Reihentechnik fußende Musik, die außer den Reihentönen auch Parameter wie Tondauer, Klangfarbe, Dynamik etc. festlegt und daraus musikalische Abläufe konstruiert

Singspiel: deutsche Bezeichnung für vorwiegend heitere, der Volkskomödie (Schwank, Posse) verwandte Bühnenwerke mit Musik; wichtigstes Unterscheidungsmerkmal gegenüber der Opera buffa sind die gesprochenen Dialoge

Song: englische Bezeichnung für Lied, Ballade oder Gedicht; seit Brecht/Weill auch auf deutschsprachige Gesangsstücke angewendet

Sopran: höchste Frauenstimme (siehe Stimmfächer)

Sprechgesang: Sprechen nach einer (ungefähr) vorgegebenen Sprachmelodie

Tenor: hohe männliche Stimmlage (siehe Stimmfächer)

Terzett: Gesangsstück für drei Solostimmen oder dreiköpfiges (Gesangs-) Ensemble, entsprechend: Quartett, Quintett, Sextett etc.

Tessitura: Tonumfang und damit zusammenhängende Anforderungen eines Gesangsstücks

Timbre: charakteristische Klangfarbe einer (Gesangs-) Stimme

Toccata: formal nicht festgelegtes, der Fantasie verwandtes Musikstück, oft akkordisch im Wechsel mit stark bewegten schnellen Passagen

Tragédie lyrique: ernste französische Oper im 17./18. Jahrhundert

Trionfo: festlicher Umzug im Italien der Renaissance

Vaudeville: französischer Gassenhauer, auch Bezeichnung für musikalische Komödien; im sogenannten Vaudeville-Finale reiht sich das Ensemble auf und verkündet, zum Publikum gewendet, die Moral des Stücks (z. B. in »Die Entführung aus dem Serail«)

Verismus (*verismo*): spezielle Ausprägung des Naturalismus in der italienischen Oper

Volksoper: populäre Oper mit volkstümlichen Elementen (Tänze, Trachten u. ä.), auch Bezeichnung für Opernhäuser, die im Gegensatz zu den Hoftheatern ein breites Publikum ansprechen

Zarzuela: spanisches Singspiel

Zauberoper: Oper, in der übernatürliches Personal und Zauberrequisiten eine wesentliche Rolle spielen (z. B. »Armide«)

Zeitoper: Oper, die sich dem aktuellen Zeitgeschehen widmet und nicht auf historische oder mythologische Stoffe zurückgreift

Zwölftontechnik (Zwölftonmusik): Komposition mit den zwölf Halbtönen der (chromatischen) Tonleiter, wobei alle Intervalle als gleichwertig angesehen werden; Grundlage ist Arnold Schönbergs Theorie der zwölf nur aufeinander bezogenen Töne

Bildnachweise

Archiv für Kunst und Geschichte, Berlin 18, 109u

CONCERTO, Köln 44u, 45, 57, 66, 68

EMI Classics 135u, 138u (Piccagliani), 139u

Larl, Rupert (Innsbrucker Festwochen) 46, 80

Lefebvre, Klaus 21o, 27

Nationalmuseum Stockholm 31u

Photowerkstatt Esser/Baus 26u

Scala, Florenz 20

Seiffert, Kaspar (Göttinger Händelfestspiele) 58

Theatersammlung der Universität Hamburg 14

Theaterwissenschaftliche Sammlung der Universität zu Köln, Schloß Wahn 30, 31o, 35, 36, 39, 47, 48, 49, 51o, 55, 56, 59u (Felicitas Timpe), 65, 69, 70, 71, 72, 73, 74, 75, 76, 77, 78, 79, 81, 83, 84, 85, 86, 87, 88u, 89, 90, 91u, 92, 93, 94, 95, 96, 97, 98, 99, 100, 101, 102, 103, 104, 105ur, 106, 107, 109o, 111, 112, 113, 114, 115, 116, 117, 118, 119, 120, 121, 122, 123, 124, 125, 126, 128, 129, 130, 132, 133, 134, 135o, 136, 137o, 138o, 139o, 140, 141, 142, 144, 145, 146, 147, 148, 149, 150, 151, 152, 153, 156, 157, 163

© Lovis Corinth by Thomas Corinth, New York 121u

© VG Bild-Kunst, Bonn 1998 73ur, 73ul, 151

Die Rechte für die nicht aufgeführten Abbildungen liegen beim Autor, beim Verlag oder konnten nicht ausfindig gemacht werden.

Die Stimmlagen und Stimmfächer

Ausgebildete Stimmen verfügen über einen Umfang von etwa zwei Oktaven, so daß sich jede Stimmlage mit der jeweils benachbarten erheblich überschneidet. Man unterscheidet sechs Stimmgattungen (in Klammern der ungefähre Tonumfang):

Sopran (h–h'', hohe Sopranstimmen erreichen Spitzentöne bis f''')
Mezzosopran (a–a'')
Alt/Altus (f–f'')
Tenor (H–h', längst nicht alle Tenöre erreichen c'', das sogenannte hohe C)
Bariton (G–g')
Baß (E–e', wenige Bässe erreichen das tiefe C).

Für die in der Opernpraxis übliche Einteilung in Stimmfächer ist nicht nur der Tonumfang, sondern auch das Timbre einer Stimme entscheidend (in Klammern typische Rollen für das jeweilige Fach):

Koloratursopran (Susanna, »Hochzeit des Figaro«)
dramatischer Koloratursopran (Königin der Nacht, »Zauberflöte«)
lyrischer Sopran (Pamina, »Zauberflöte«)
jugendlich-dramatischer Sopran (Desdemona, »Otello«)
dramatischer Sopran (Santuzza, »Cavalleria rusticana«)
hochdramatischer Sopran (Isolde, »Tristan und Isolde«)
Koloratur-Mezzosopran (Rosina, »Barbier von Sevilla«)
dramatischer Mezzosopran (Amneris, »Aida«)
lyrischer Mezzosopran (Maddalena, »Rigoletto«)
lyrischer Tenor (Don Ottavio, »Don Giovanni«)
jugendlicher Held (Florestan, »Fidelio«)
Heldentenor (Siegfried, »Ring des Nibelungen«)
Tenorbuffo (David, »Meistersinger«)
Heldenbariton (Wotan, »Ring des Nibelungen«)
Cavaliersbariton (Don Giovanni, »Don Giovanni«)
Spielbariton (Graf, »Wildschütz«)
seriöser Baß (Sarastro, »Zauberflöte«)
Spielbaß (Leporello, »Don Giovanni«)
Baßbuffo (Ochs, »Rosenkavalier«)

Üblicherweise durchlaufen Sänger und Sängerinnen während ihrer Karriere verschiedene Fächer, auch der Wechsel in eine benachbarte Stimmlage ist durchaus nicht ungewöhnlich (z. B. vom Alt zum Mezzo oder vom Baß zum Bariton).

Daten der Operngeschichte im Überblick

(Uraufführung = UA)

1480 In Mantua wird das Drama »Fabula d'Orfeo« von Angelo Poliziano aufgeführt.

1598 Jacopo Peris »Dafne« hat in Florenz Premiere (Musik verschollen).

1600 UA »Euridice« von Peri in Florenz

1602 UA »Euridice« von Giulio Caccini in Florenz (Palazzo Pitti)

1607 UA »L'Orfeo« von Claudio Monteverdi in Mantua

1619 UA »La morte d'Orfeo« von Stefano Landi in Rom

1627 Heinrich Schütz' »Daphne«, die heute verschollene erste deutsche Oper, in Torgau uraufgeführt

1637 In Venedig eröffnet das Teatro San Cassiano, das erste öffentliche Opernhaus.

1643 UA »L'incoronazione di Poppea« von Monteverdi am Teatro Santi Giovanni e Paolo in Venedig

1643 Monteverdi stirbt in Venedig (29.11.).

1662 »L'ercole amante« von Franceso Cavalli mit Chören und Balletten von Jean-Baptiste Lully in der Salle des machines der Tuilerien in Paris uraufgeführt

1668 Eröffnung des Opernhauses auf der Cortina in Wien mit »Il pomo d'oro« von Antonio Cesti

1678 Eröffnung der Hamburger Oper am Gänsemarkt

1685 Georg Friedrich Händel in Halle/Saale geboren (23.2.)

1687 Jean-Baptiste Lully stirbt in Paris (22.3.).

1689 UA »Dido and Aeneas« von Henry Purcell im Mädchenpensionat des Tanzmeisters Josias Priest in Chelsea

1698 Pietro Metastasio in Rom geboren (3.1.)

1711 Händels »Rinaldo« am Londoner Haymarket uraufgeführt (Queens Theatre)

1724 Der Kastrat Farinelli (Carlo Broschi) gibt sein Debüt in Wien.

1733 UA »La serva padrona« von Giovanni Battista Pergolesi in Neapel

1735 UA »Les Indes galantes«, Ballett-Oper von Jean-Philippe Rameau

1746 »La serva padrona« erstmals in Paris aufgeführt

1752 Jean-Jacques Rousseau komponiert »Le devin du village«

1756 Wolfgang Amadeus Mozart in Salzburg geboren (27.1.)

1778 In Mailand eröffnet das Teatro alla Scala.

1786 UA »Doktor und Apotheker« von Karl Ditters von Dittersdorf in Wien

1787 UA »Don Giovanni« von Mozart am Gräflich Nostitzschen Nationaltheater in Prag

1797 UA »Médée« von Luigi Cherubini am Théâtre Feydeau in Paris

1805 UA »Fidelio« von Ludwig van Beethoven am Theater an der Wien

1813 Richard Wagner (22.5.) und

Giuseppe Verdi (10.10.) geboren

1826 UA von Carl Maria von Webers »Oberon« in London (Covent Garden)

1829 UA »Guillaume Tell« von Gioacchino Rossini in Paris

1836 UA »Ein Leben für den Zaren« von Michail Glinka am Kaiserlichen Theater in St. Petersburg

1842 UA »Nabucco« von Verdi an der Mailänder Scala

1850 UA »Lohengrin« von Wagner am Weimarer Hoftheater

1864 Ludwig II. versichert Wagner seiner großzügigen Unterstützung.

1876 Wagners »Ring des Nibelungen« im neuerbauten Bayreuther Festspielhaus uraufgeführt

1881 Eröffnung des Prager Nationaltheaters mit »Libussa« von Bedřich Smetana

1893 UA »Falstaff« von Verdi in Mailand (Scala)

1900 UA »Tosca« von Giacomo Puccini in Rom (Teatro Costanzi)

1902 UA »Pelléas et Mélisande« von Claude Debussy in Paris (Salle Favart)

1905 UA »Salome« von Strauss in Dresden (Semper-Oper)

1913 »Das Frühlingsopfer« (Szenen aus dem heidnischen Rußland), Ballett von Igor Strawinsky

1920 Erste Salzburger Festspiele

1925 UA »Wozzeck« von Alban Berg in Berlin (Staatsoper)

1934 Gründung des sommerlichen Opernfestivals in Glyndebourne

1935 UA »Porgy and Bess« von George Gershwin in New York (Alvin Theater)

1945 UA »Peter Grimes« von Benjamin Britten in London (Sadler's Wells Theatre)

1947 Gründung der Komischen Oper in Berlin

1949 Richard Strauss stirbt in Garmisch (8.9.)

1951 UA »The Rake's Progress« von Igor Strawinsky in Venedig (La Fenice)

1959 UA »Aniara« von Karl-Birger Blomdahl in Stockholm, geschildert werden Menschen in einem Raumschiff, die von der strahlenverseuchten Erde fliehen

1965 UA »Die Soldaten« von Bernd Alois Zimmermann in Köln

1966 Einweihung der Metropolitan Opera in New York (Lincoln Center) mit »Anthony and Cleopatra« von Samuel Barber

1971 UA »Staatstheater« von Mauricio Kagel in Hamburg

1977 Maria Callas stirbt in Paris (16.9.).

1982 Carl Orff stirbt in München (29.3.).

1985 Wiedereröffnung der Semper-Oper in Dresden

1992 UA »Die Eroberung von Mexiko« von Wolfgang Rihm in Hamburg

1998 UA »Farinelli oder Die Macht des Gesanges« von Siegfried Matthus in Karlsruhe (Text vom Komponisten nach einer Vorlage von Walter Jens)

Kleine Auswahl weiterführender Literatur

Mehrbändige Nachschlagewerke

Pipers Enzyklopädie des Musiktheaters, hrsg. v. Carl Dahlhaus u. a., München 1986ff.

Franz Stieger, *Opernlexikon*, Tutzing 1975ff.

The New Grove Dictionary of Opera, hrsg. v. Stanley Sadie, New York 1992

Überblicksdarstellungen

Anna-Amalie Abert, *Geschichte der Oper*, Kassel 1994

Manfred Brauneck, *Die Welt als Bühne. Geschichte des europäischen Theaters*, Stuttgart 1993ff.

Donald Jay Grout, *A Short History of Opera*, New York 1947 (Neuausgabe 1965)

Helmut Schmidt-Garre, *Oper. Eine Kulturgeschichte*, Köln 1963

Ulrich Schreiber, *Opernführer für Fortgeschrittene. Eine Geschichte des Musiktheaters*, Kassel 1988ff.

Bildbände, illustrierte Musikgeschichten

Geschichte der Musik, hrsg. v. Michael Raeburn und Alan Kendall, München 1993 (engl. Originalausgabe 1989)

Neues Handbuch der Musikwissenschaft, hrsg. v. Carl Dahlhaus u. a., Laaber 1980ff.

Hellmuth Christian Wolff, *Oper. Szene und Darstellung von 1600 bis 1900* (Musikgeschichte in Bildern, Bd. IV/1), Leipzig 1968 (Neuausgabe 1985)

Dieter Zöchling, *Die Chronik der Oper*, Dortmund 1990 (Neuausgabe 1996)

Gattungs- und länderspezifische Darstellungen

Julian Budden, *The Operas of Verdi*, London 1973ff. (Neuausgabe 1992)

Carl Dahlhaus, *Vom Musikdrama zur Literaturoper*, München 1989

Winton Dean, *Essays on Opera*, Oxford 1990

Norman Demuth, *French Opera. Its Development to the Revolution*, Horsham 1963 (Neuausgabe 1982)

Sigrid Neef, *Handbuch der russischen und sowjetischen Oper*, Berlin 1985

Cameron Northouse, *Twentieth-Century Opera in England and the United States*, Boston 1976

Nino Pirrotta und Elena Povoledo, *Li due Orfei*, Turin 1969 (Neuausgabe unter dem Titel *Music and Theater from Poliziano to Monteverdi*, New York 1981)

Hellmuth Christian Wolff, *Geschichte der Komischen Oper*, Wilhelmshaven 1981

Opernfestivals

Bayreuther Festspiele
Postfach 10 02 62
95402 Bayreuth
Tel. (0921) 78780

Bregenzer Festspiele
Bregenz-Tourismus
Anton-Schneider-Str. 4a
A–6900 Bregenz
Tel. 0043(5574)
43391–0

Classic Openair
Postfach 861
CH–4502 Solothurn
Tel. 0041(32)
6245293
Fax 6245387

Dresdner
Opern-Festspiele
Theaterplatz 2
01067 Dresden
Tel. (0351)4911–0
Fax –291

Festspiele Baden-Baden
Baden-Baden
Marketing GmbH
Schloß Solms
76530 Baden-Baden
Tel. (07221)2752–66
Fax –61

Glyndebourne Festival
Glyndebourne, Lewes
GB–East Sussex
BN8 5UU
Tel 0044(1273)812321
Fax 812783

Göttinger
Händel-Festspiele
Hainholzweg 3–5
37085 Göttingen
Tel. (0551)56700
Fax 45395

Münchner
Opern-Festspiele
Bayerische Staatsoper
Maximilianstr. 11
80539 München
Tel. (089)218519–20
Fax –03

Rossini Opera Festival
Via Rossini 37
I–61100 Pesaro
Tel. 0039(721)30161
Fax 30979

Rossini Opernfestival
Putbus
Tourismusverband
Rügen
Am Markt 4
18528 Bergen
Tel. (03838)80770
Fax 254440

Salzburger Festspiele
Postfach 140
A–5010 Salzburg
Tel. 0043(662)844501
Fax 846682

Savonlinna Opera
Festivals
Olavinkatu 27
SF–57130 Savonlinna
Tel. 00358(15)
47675–0
Fax –40

Schwetzinger Festspiele
Postfach 106040
70049 Stuttgart
Tel. (0711)929–3038
Fax –3579

Spielpläne und Festivaladressen aus der ganzen Welt sowie eine Fülle weiterer nützlicher Informationen für Opernfans bietet *operabase* unter der Internet-Adresse: *http://operabase.com*

Personenregister

Im Buch erwähnte Bühnenwerke und ihre Komponisten

Im Buch erwähnte Bühnenwerke und ihre Komponisten